Marten A. Wolters

Influencer im Modemarkt und ihre Wahrnehmung lokaler Modemarken

Bibliografische Information der Deutschen Nationalbibliothek:

Die Deutsche Nationalbibliothek verzeichnet diese Publikation in der Deutschen Nationalbibliografie; detaillierte bibliografische Daten sind im Internet über http://dnb.d-nb.de abrufbar.

Impressum:

Copyright © 2017 Studylab

Ein Imprint der GRIN Verlag, Open Publishing GmbH

Druck und Bindung: Books on Demand GmbH, Norderstedt, Germany

Coverbild: GRIN | Freepik.com | Flaticon.com | ei8htz

Inhaltsverzeichnis

Abkürzungsverzeichnis 5

Abbildungsverzeichnis 6

Tabellenverzeichnis 7

Kurzzusammenfassung 8

Abstract 9

1 Einleitung 10

    1.1 Ausgangslage und Problemstellung 10

    1.2 Ziel der Arbeit 11

    1.3 Methodik 12

    1.4 Verlauf der Arbeit 13

    1.5 Forschungsstand 14

2 Konzeptioneller und theoretischer Bezugsrahmen 19

    2.1 Konzeptioneller Bezugsrahmen: Marke 19

    2.2 Theoretischer Bezugsrahmen: Markenherkunftskonzepte 21

3 Das Adoptionsmodell als Grundlage des Influencer Marketings 26

    3.1 Einteilung der Adopterkategorien 28

    3.2 Trenddiffusion in der Mode 30

    3.3 Instrumente der Opinion Leader 33

    3.4 Social Media Plattformen 35

4 Mode Influencer und lokale Modemarken 39

    4.1 Kriterien zur Definierung eines Influencers 40

    4.2 Typologie der Influencer 46

    4.3 Lokale Modemarken – ein Trend? 53

    4.4 Untersuchung der Wahrnehmung lokaler Modemarken durch Influencer auf Instagram ... 55

    4.5 Schlussbemerkung 62

Inhaltsverzeichnis

5 Fazit 64

6 Literaturverzeichnis 67

7 Anhang 76

Abkürzungsverzeichnis

BO	Brand Origin
CD	Corporate Design
CI	Corporate Identity
COBO	Country of Brand Origin
COO	Country of Origin
ER	Engagement Rate
LBM	Local Brand Mention
PLZ	Produktlebenszyklus
POS	Point of Sale
RoO	Region of Origin
USP	Unique Selling Point

Abbildungsverzeichnis

Abbildung 1: Das Markennutzenversprechen (Eigene Darstellung, in Anlehnung an Meffert/Burmann/Koers) 20

Abbildung 2: Veränderung des Logos von Saint Laurent Paris (Eigene Darstellung) 24

Abbildung 3: Adoptionskurve in der Diffusionstheorie (Eigene Darstellung, in Anlehnung an Rogers) 27

Abbildung 4: Ausschnitt aus einem Moodboard des DMIs. 31

Abbildung 5: Lebenszyklus eines Trends auf der Adoptionskurve (Eigene Darstellung) 32

Abbildung 6: VLOG der YouTuberin BibisBeautyPalace (Stand: 5. Januar 2017) 34

Abbildung 7: Instagram Account von Caro Daur mit 880 Tsd. Followern. (Stand: 10 Januar 2017). 35

Abbildung 8: ASOS' Promotion Tweet an Snapchat. 37

Abbildung 9: Fashion Involvement Modell (Eigene Darstellung, in Anlehnung an O'Cass (2004). 41

Abbildung 10: Verlaufskurve eines Instagram Users mit gekauften Followern (Eigene Darstellung, Recherche über Influencerdb.com) 42

Abbildung 11: Kylie Jenner in Adidas x Palace Produkten (Quelle: Instagram.com/kyliejenner) 47

Abbildung 12: Suzie Grime, auf YouTube 48

Abbildung 13: Bereich der Micro Influencer in der Adoptionskurve 51

Abbildung 14: Corporate Design des Instagram Channels von Vienna Wedekind (Quelle: Instagram.com/viennawedekind) 52

Abbildung 15: Key Look des Internetauftritts von derbe Hamburg 54

Abbildung 16: Instagram Post von Nick Wooster über Hestra Handschuhe (Quelle: Instagram.com/nickwooster) 59

Abbildung 17: Markenwerbung auf Instagram Post von User Magic Fox (Quelle: Instagram.com/magic_fox) 60

Tabellenverzeichnis

Tabelle 1: Untersuchte Instagram Channel 57

Tabelle 2: Zusammengefasste Untersuchungsergebnisse 58

Kurzzusammenfassung

Der Einfluss von Influencern nimmt seit Jahren zu. Besonders in der Modebranche ist das Influencer Marketing in manchen Unternehmen nicht mehr wegzudenken. Durch das unüberschaubare Angebot an Marken und dem Informationsüberfluss greifen immer mehr Nachfrager zu lokalen Marken und Produkten. In dieser Arbeit wird der Influencer als Einfluss auf Trends und Konsumenten überprüft. Die Wahrnehmung von lokalen Modemarken wurde anhand der Social Media Plattform Instagram analysiert. Es existieren in der Mode unterschiedliche Typen von Influencern, die anhand von verschiedenen Kriterien zu unterscheiden sind. Lokale Marken finden von Influencern auf Instagram nur bedingt Beachtung. Etwa jedes dritte Profil enthält mindestens einen Post über lokale Modemarken. Die Grundhaltung aller vier Influencer-Typen gegenüber lokalen Modemarken kann als positiv interpretiert werden.

Abstract

The impact of social influencers in the fashion industry is rising. Most brands have to include influencer marketing in their communication strategy. As a result of the vast offering from international brands, many consumers find themselves attached to local brands. In this research paper, the influencer is examined for his influence on global fashion trends and consumers. The perception of local brands is analyzed through the social media platform Instagram. There exist multiple types of influencers, which are distinguished on the basis of criteria. In the influencers' content strategy, local brands are only partly considered. One third of the analyzed profiles contained one or more local brands. The fundamental attitude towards local fashion brands can be interpreted as positive.

1 Einleitung

1.1 Ausgangslage und Problemstellung

Die Marke wird für ein Unternehmen immer wichtiger. Eine Studie des Markenverbandes und McKinsey zeigt auf, dass Konsumenten sich nicht von Marken abwenden.[1] In Unternehmensbilanzen werden Marken zu wichtigen Vermögenswerten gezählt.[2] Globalisierung und internationale Expansionen eröffnen Unternehmen neue Möglichkeiten und Absatzmärkte, während den Konsumenten viele neue Produkte aus einer Vielzahl an Marken geboten werden.

In der Textilbranche ist eine vergleichbare Entwicklung zu erkennen. Die Internationalisierung von Modemarken und die Entwicklung neuer Absatzmärkte erhöhen den Wettbewerbsdruck. Ob Stationärhandel, Onlineshop oder Multichannel-Anbieter: Sie arbeiten mit preissensiblen, anspruchsvollen und illoyalen Kunden. Enorme Veränderungs-geschwindigkeiten erschweren das Handeln als Marke in nahezu jedem Marktsegment.[3] Die weltweite Gegenüberstellung führt zu einer hohen Preissensibilität beim Nachfrager. Aufgrund des zunehmenden Wettbewerbsdrucks steigt auch der Druck auf Unternehmen, globale Beschaffungsstrategien zu implementieren. Dazu gehört der Aufbau von internationalen Produktionsnetzwerken und allgemeinem Outsourcing in Entwicklungs- und Schwellenländer.[4] Das zunehmende Umweltbewusstsein und der schnelle Zugang zu Informationen führen beim Konsumenten zu einem neuen Kaufverhalten. Es wird erkannt, dass der Qualitätsunterschied zwischen einem Marken- und einem Discountprodukt nicht mehr zwangsläufig bemerkbar ist, wenn die Produktionsländer sich nicht unterscheiden. Davon profitieren die Discounter. Typische Kundenarten vermischen sich immer mehr zu einem Konsumenten, der seine Kaufkraft auf scheinbar immer mehr Marken aufteilt, sich weniger von Werbung beeinflussen lässt und stark von Familie und Freunden beeinflusst wird.[5] Unternehmen reagieren mit der Vertikalisierung, um die Marge zu erhöhen und langfristig wettbewerbsfähig zu bleiben.

---

[1] Vgl. McKinsey & Company (2011), S. 3.
[2] Vgl. Becker (2012), S. II.
[3] Vgl. Hermes (2015).
[4] Vgl. Trent (2002), S. 66.
[5] Vgl. Becker (2012), S. 106.

Das Käuferverhalten spielt für Unternehmen eine übergeordnete Rolle. Die zunehmende Anzahl von Marken führt zu einer Informations-überflutung[6] und angesichts des unüberschaubaren Angebotes kommt es zu Stressgefühlen bei den Nachfragern.[7] Während der funktionale Nutzen und technische Eigenschaften sich weiter angleichen, müssen viele Attribute analysiert werden, um eine rational richtige Entscheidung zu treffen. Um sich dem zu entziehen greifen Konsumenten neben den üblichen Schlüsselinformationen und persönlichen Empfehlungen immer öfter auf die eigene räumliche Markenherkunft zurück.[8] Die Relevanz der Markenherkunft als Verkaufsförderung zeigt sich auch in der guten Differenzierungsmöglichkeit.[9] Bereits 2000 argumentieren AAKER und JOACHIMSTHALER dementsprechend: *„Knowing the roots of a person, place or firm can help interest a bond. The same is true for a brand."*[10] In der Praxis wird die Herkunft bereits von vielen Marken kommuniziert. Meist stammen diese Marken jedoch von globalen Unternehmen, die durch eine Namensnennung den besagten Effekt hervorrufen wollen. Durch diese Nennung oder Anspielung auf eine bestimmte Region werden beim Nachfrager Assoziationen hervorgerufen. In positiver und negativer Art und Weise werden diese auf die Marke übertragen und die Kaufentscheidung wird nachhaltig beeinflusst.[11] Daher sollte die räumliche Herkunft in der Markenführung gezielt angewandt und gesteuert werden.

1.2 Ziel der Arbeit

Die bisherigen wissenschaftlichen Untersuchungen von Forschern zeigen, dass die regionale Herkunft von Produkten relevant für das Konsumentenverhalten ist.[12] Im aktuellen Rahmen der Forschung wurde bisher nicht die Wahrnehmung der Opinion Leader, bzw. der Influencer näher analysiert. Sie unterscheiden sich in der Grundhaltung von anderen Gesellschaftsmilieus, was vermuten lässt, dass eine Diskrepanz in den Wahrnehmungen verschiedener Zielgruppen besteht. For-

---

[6] Vgl. Kröber-Riel, Weinberg, Gröppel-Klein (2009), S. 421.
[7] Vgl. Schmidt (1990), S. 242.
[8] Vgl. Kröber-Riel, Weinberg, Gröppel-Klein (2009), S. 351.
[9] Vgl. Becker (2012), S. 8.
[10] Aaker, Joachimsthaler (2000), S. 249
[11] Vgl. Friederes (2006), S. 116.
[12] Vgl. Leitow (2005), S. 2.

schungsgegenstand ist in dieser Arbeit die Wahrnehmung von lokalen Modemarken aus Perspektive der Influencer. Das Ziel ist die Überprüfung der These, dass Influencer und Opinion Leader eine positive Einstellung zu lokalen Marken haben. Dafür sind folgende Teilziele zu erreichen:

Definition einer lokalen Modemarke

Es sind hauptsächlich zwei Forschungsrichtungen zu nennen, die untersuchen, was eine lokale Marke ausmacht.[13] Erstens die Forschung nach der Herkunft der Marke, d.h. wo der regionale Ursprung liegt. In der Theorie wird diese Wahrnehmung Country of Origin (CoO), Brand Origin (BO), oder auch Culture of Brand Origin (CoBO) genannt.[14] Der zweite Ansatz erforscht den Einfluss der Markenreichweite in der Distribution auf die Markenwahrnehmung.

Definition und Identifizierung der Influencer

Um die Wahrnehmung von Influencern zu analysieren, wird zunächst untersucht, was einen Menschen zum Influencer macht. Es werden verschiedene Social Media Netzwerke analysiert und es werden mithilfe von Kriterien Influencer Typen definiert. Diese Kriterien werden auch genutzt, um einen Vergleich der Personen zu gewährleisten. Es gibt dazu verschiedene Forschungsansätze, wie Einfluss von Personen in sozialen Netzwerken gemessen werden kann.[15]

Die zu untersuchenden Personen werden Kategorien zugeordnet und entsprechend der formulierten These untersucht. Das letzte Kapitel ist der Beantwortung der Forschungsfrage vorbehalten, indem die Ergebnisse zusammengeführt werden.

1.3 Methodik

Bei dieser Forschungsarbeit handelt es sich um eine analysierende Untersuchung einer bestimmten Zielgruppe. Sowohl Primär- als auch Sekundärquellen liegen ihr zugrunde.[16] Im Rahmen dieser Arbeit werden die Bereiche der sozialen Medien wie Instagram, Twitter, Facebook, Tumblr, Pinterest und Blogs als Datenpool zur Analyse der Influencer Zielgruppe genutzt. Die Instagram-Profile und Veröffentlichungen wichtiger Influencer weltweit werden hingehend der Wahrnehmung

---

[13] Vgl. Burmann / Becker (2009), S. 32.
[14] Vgl. Burmann / Becker (2009), S. 33.
[15] Vgl. Brown / Hayes (2008), S. 7.
[16] Vgl. Eisenschmid (2013), S. 14.

und Darstellung lokaler Marken untersucht. Anhand von Häufigkeiten, Meinungsbildern der Community und anderen Äußerungsarten wird erforscht, in welchem Kontext über lokale Marken gesprochen wird. Der Begriff „lokale Marke" ist den meisten Nutzern vermutlich nicht geläufig, daher werden die Veröffentlichungen Markennennungen untersucht. Im zweiten Schritt werden die genannten Marken dann auf ihre Lokalität geprüft, d.h. ob sie ihren Herkunftsort kommunizieren und dieser als Inspiration genutzt wird.

Zur weiteren Untersuchung der Grundlagen und der weiterführenden Analyse werden mehrere Literaturrecherchen durchgeführt. Hierbei wird fachspezifische Literatur bearbeitet sowie Veröffentlichungen, welche die Modebranche, Markenherkunft, Influencer Marketing, Trenddiffusion und Adoption oder ähnliche Themen bearbeiten. Zusätzlich wird die Internetrecherche als Methode genutzt. Im Teil des Konzeptes werden zudem nicht-wissenschaftliche Quellen Verwendung finden, wie Zeitungsartikel oder durch Social Media verbreitete Inhalte von Influencern. Dies ermöglicht, neben Grundlagen-basierten Quellen, eine aktuelle und differenzierte Recherche nach relevanten Inhalten.

1.4 Verlauf der Arbeit

Im ersten einleitenden Kapitel wird im weiteren Verlauf der aktuelle Stand der Forschung aufgezeigt und ein Überblick über die grundlegende Literatur gegeben. In Kapitel zwei folgen der theoretische und konzeptionelle Bezugsrahmen dieser Forschungsarbeit. Behandelt werden die Themenkomplexe Country of Origin (COO), bzw. Region of Origin (RoO) als theoretischer Bezugsrahmen und die Markenidentität als konzeptioneller Bezugsrahmen. Aufbauend darauf erfolgt im dritten Kapitel die Untersuchung, wie Influencer die Trenddiffusion beeinflussen und welche Instrumente hierfür genutzt werden. Wo werden Influencer zwischen Innovatoren, Opinion Leadern und Early Adoptern auf der Adoptionskurve eingeordnet? Wie hoch ist der Beitrag zur Entwicklung eines Trends? Im vierten Kapitel liegt der Schwerpunkt auf der Einteilung von Influencern in verschiedene Kategorien. Es werden Kriterien hierzu entwickelt und eine Typologie der Influencer diskutiert. Darauffolgend wird die Untersuchung von Influencern hinsichtlich der Wahrnehmung von lokalen Modemarken auf Instagram vorgelegt. In der anschließenden Schlussbemerkung und dem Fazit im fünften Kapitel werden die wichtigsten Punkte zusammengefasst, interpretiert und ein Ausblick auf künftigen Forschungsbedarf gegeben.

1.5 Forschungsstand

1.5.1 Markenwahrnehmung aufgrund der Herkunft

Die Markenwahrnehmung durch die Herkunftsregion (Country of Origin-Effekt) beschreibt den Einfluss der Markenherkunft auf das Käuferverhalten. Nach PAPADOPOULOS nutzten bereits Steinmetze in Ägypten die Herkunft ihres Produkts als Vermarktungsmöglichkeit.[17] Seit 1965 wird das Phänomen wissenschaftlich untersucht. SCHOOLER veröffentlichte das erste Arbeitspapier, in welchem der Country of Origin (COO) Effekt beschrieben wurde.[18] PETERSON/ JOLIBERT publizieren 1995 eine umfassende qualitative Studie zum COO-Effekt, in der über 60 Literaturquellen zusammengefasst wurden.[19] Es stellte sich heraus, dass durch den besagten Effekt die Kaufentscheidung bei Personen mit positiven Assoziationen gegenüber der Herkunftsregion erheblich beschleunigt wurde.[20] GEIGENMÜLLER stellt in ihrer Veröffentlichung von 2003 heraus, dass die Relevanz der Markenherkunft je nach Zielgruppe und Zielmarkt variiert. Während beispielsweise für Bürger aus den alten Bundesländern die Herkunft der Marke eine eher untergeordnete Rolle spielt, stufen Probanden der neuen Bundesländer die Herkunft als eine hohe Bedeutung beim Einkauf ein.[21] In der Untersuchung wird zudem zwischen einer regionalen und einer nationalen Marke unterschieden.[22] STEENKAMP, ALDEN und BATRA stellen dem COO-Effekt dem Perceived Brand Globalness-Effekt (PBG) gegenüber. In ihrer Forschung über Konsumentenverhalten von Nachfragern aus den USA und Korea finden sie heraus, dass die Markenherkunft von lokalen Firmen und Betrieben den Marktwert steigert. Außerdem sei dieses Potenzial von vielen Firmen weitgehend ungenutzt.[23] LEITOW diskutiert in seiner Ausarbeitung von 2005 die Herkunftsangabe als Marketinginstrument und strategische Ausrichtung von Marken. Zudem wird belegt, dass ein lokales Produkt mit entsprechenden marketingpolitischen Instrumenten in höheren Preislagen verkauft werden kann als vergleichbare Produkte

---

[17] Vgl. Papadopoulos (1993), S. 9.
[18] Vgl. Schooler (1965), S. 394.
[19] Vgl. Peterson / Jolibert (1995), S. 883.
[20] Vgl. Han (1989), S. 224.
[21] Vgl. Geigenmüller (2003), S. 142.
[22] Vgl. Geigenmüller (2003), S. 144.
[23] Vgl. Steenkamp/Batra/Alden (2003), S. 62.

ohne Nennung der Herkunft. Zudem erzielte das gleiche Produkt mit einer kommunizierten Preissenkung um 50% weniger Verkäufe.[24] Um die Markenherkunft als geeignetes Marketinginstrument nutzen zu können, muss nach HAUSRUCKINGER das Produkt in den Köpfen der Konsumenten jedoch zu der Region oder dem Land passen. So wie Bierbrauereien mit Deutschland in Verbindung gebracht werden können oder Mode und Textilien mit Frankreich oder Italien.[25] Man spricht hierbei auch vom **Summary- oder Proxy-Effekt**. Diese Schemata veranlassen Konsumenten zu einer schnelleren Produktbeurteilung mit einem geringeren kognitiven Aufwand. EXLER spricht in diesem Zusammenhang mit einer automatischen Markenvertrautheit.[26] Diese ist zurückzuführen auf die kognitive, affektive und normative Komponente des COO-Effektes.[27] Die Forschung konzentriert sich jedoch bis heute vornehmlich auf die kognitiven Aspekte und die Produktbewertung im funktionalen Sinne. Nach BURMANN und BECKER (2009) beeinflusst das COO-Image den Nachfrager insbesondere wenn der Kenntnisstand über ein bestimmtes Produkt niedrig ist. Die wahrgenommene Markenherkunft wird als Qualitätsindikator verwendet.[28] Ferner kann durch den Kauf von Marken bestimmter Herkunftsländer der Lebensstil des Konsumenten bekundet werden. Das Produkt und die Marke verhelfen dem Konsumenten zu einer Zugehörigkeit zu einer bestimmten Gruppe.[29] Dazu müssen die Länder, aus denen die Marken stammen ein positives Image haben oder von der bestimmten Gruppe respektiert, bzw. bewundert werden. Ein Beispiel dafür ist die hohe Nachfrage nach westlichen Marken in Ländern wie Indien, der Türkei oder Nigeria.[30] Auch in der 2014 veröffentlichten Arbeit von SRIVASTAVA wird vorgebracht, dass Jugendliche in Indien positive Assoziationen mit dem Land China verbinden und dass gute Qualität dort einen niedrigen Preis hat. Lokale Marken aus China haben auf dem indischen Markt dadurch einen Wettbewerbsvorteil.[31]

---

[24] Vgl. Leitow (2005), S. 153ff.
[25] Vgl. Hausruckinger (1993), S. 5.
[26] Vgl. Exler (2008), S. 128ff.
[27] Vgl. Exler (2008), S. 117.
[28] Vgl. Burmann/Becker (2009), S. 34.
[29] Vgl. Zhou/Hui (2003), S. 41.
[30] Vgl. Verlegh/Steenkamp (1999), S. 526.
[31] Vgl. Srivastava (2014), S. 15.

Ein Kritikpunkt an der aktuellen COO-Forschung ist die starke Fokussierung auf kognitive Aspekte und funktionale Produkteigenschaften. Der Zusammenhang zwischen Herkunftsland und symbolischen Nutzen ist wenig beleuchtet worden. Daher ist die Forschung auf diesem Gebiet von hohem wissenschaftlichem Interesse. Das Verständnis über COO-Effekte wird weiterhin als gering eingeschätzt.[32]

1.5.2 Markenwahrnehmung aufgrund der Reichweite

Neben der Forschung zur Markenherkunft hat sich seit 2003 eine weitere Forschungsrichtung etabliert, die den Einfluss der Markenreichweite auf das Markenimage untersucht.[33] Hierbei geht es um die von der relevanten Zielgruppe wahrgenommene geographische Verbreitung einer Marke.

Der Distributionsgrad wird vom Nachfrager genutzt um eine Marke als global oder eher lokal einzustufen. Es ist jedoch zwischen einem wahrgenommenen und dem realen Distributionsgrad zu unterscheiden. Vielen Marken wird vom Konsumenten automatisch ein hoher Distributionsgrad zugeschrieben, z.B. durch eine als global wahrgenomme Kommunikation. In der Modebranche ist dieser Effekt an der Marke H&M zu verdeutlichen. Neben Werbekampagnen, die durch international anerkannte Models Globalität ausstrahlt scheint es auf der ganzen Welt Stores zu geben. Tatsächlich werden die Produkte von H&M in lediglich 28 Ländern vertrieben. Die Marke wird trotzdem als stark global wahrgenommen.[34] Andere Marken distribuieren in über 100 Länder und werden weiterhin als lokal wahrgenommen. Es kann interpretiert werden, dass auch die Markenreichweite neben der Markenherkunft ein wichtiges Element in der Markenführung und strategischen Ausrichtung darstellt.

Nach DIMOFTE/JOHANSSON/RONKAINEN (2008) gibt es zwei mögliche Interpretationen von Konsumenten gegenüber der global-distribuierten Marke. Zum einen kann die wahrgenommene Markenglobalität bei einer hohen Reichweite als weiteres Markenattribut, wie z.B. Qualität, Funktionalität oder Preis wahrgenommen werden. Es wird in der Kaufentscheidung berücksichtigt. Zum anderen

---

[32] Vgl. Burmann/Becker (2009), S. 36.
[33] Vgl. Steenkamp/Batra/Alden (2003).
[34] Vgl. Burmann/Becker (2009), S. 42.

könnte die Globalität eines Produktes keine Rolle als klassische Schlüsselinformation spielen, sondern eher als objektives Attribut, welches nicht zwangsweise die Kaufentscheidung beeinflusst.[35] In manchen Zielgruppen werden globale Marken als stark angesehen, da diese weltweiten Erfolg ausstrahlen. Außerdem haben sie in den Augen der Konsumenten die Bestätigung eines internationalen Publikums, so HOLT, QUELCH und TAYLOR.[36] Im Gegensatz zu dem COO-Effekt, wofür Nachfrager eine präzise Information benötigen, um zu wissen, woher eine Marke stammt, muss eine Marke keine direkten Information zu ihrer Reichweite kommunizieren, um global wahrgenommen zu werden.[37] DEARI und BALLA (2013) stellen heraus, dass globale Marken für bestimmte Zielgruppen aufgrund ihres hohen internationalen Bekanntheitsgrades besonders interessant sind. Sie werden mit einem höheren, sozialen Prestige in Verbindung gebracht.[38] Besonders in der Modebranche sind diese Effekte für einige Zielgruppen von Wichtigkeit. *„Global brands are perceived as creating an identity, a sense of achievement and identification".*[39] Ab welchem Verbreitungsgrad eine Marke als global angesehen wird, geht aus bisheriger Forschung nicht hervor.[40] Eine Verbreitung in einer Vielzahl von westlichen Ländern ist denkbar, da vor allem die Sichtbarkeit einer Marke in anderen Ländern wahrgenommen wird. Hat das Unternehmen beispielsweise einen Online Shop, durch den in viele verschiedene Länder versandt wird, kann dies vom Kunden nicht auf Anhieb wahrgenommen werden. Eine globale Marke kann dadurch weiterhin als kleiner und regional empfunden werden. Haben Konsumenten jedoch in ihren Urlaubsorten die Möglichkeit im stationären Handel die Marke zu erwerben, könnte diese Marke vermutlich als global wahrgenommen werden. Ist eine Marke in vielen Ländern erhältlich, ist i.d.R. davon auszugehen dass sie über einen gewissen Bekanntheitsgrad verfügt.[41] Ein weiterer wichtiger Aspekt ist die Tatsache, dass globale Marken nicht zwangsweise ausländisch und lokale Marken nicht unbedingt heimische Marken sein

---

[35] Vgl. Dimofte/Johansson/Ronkainen (2008), S. 117.
[36] Vgl. Holt/Quelch/Taylor (2004), S. 73.
[37] Vgl. Dimofte/Johansson/Ronkainen (2008), S. 118.
[38] Vgl. Deari/Balla (2013), S. 62f.
[39] Deari/Balla (2013), S. 63.
[40] Vgl. Exler (2008), S. 19.
[41] Vgl. Exler (2008), S. 19.

müssen.[42] Die Intention bei einer Marke mit einer hohen Reichweite ist nicht unbedingt das Tragen einer ausländischen Marke, sondern das Tragen einer heimischen, globalen Marke.[43] Nach SENGUPTA (2014) unterschiedet sich die Wahrnehmung lokaler Marken je nach Entwicklungsstand der Region und der Einwohner. In Nord-, West- und Südindien ist die Einstellung gegenüber globalen Marken weitgehend positiv, im weniger entwickelten Osten hingegen ist das Gegenteil der Fall.[44] Das könnte daran liegen, dass United Colours of Benetton, als Beispiel für eine europäische, globale Marke in Indien wesentlich mehr Verkaufspunkte hat als Wills Lifestyle, eine lokale Marke, die wirtschaftlich nicht die gleichen Möglichkeiten hat.[45] Zudem sind viele internationale Marken erst seit wenigen Jahren auf dem indischen Markt vertreten, wodurch die Begeisterung für globale Marken verstärkt wird. Marken wie Tommy Hilfiger, Puma, Burberry, Hugo Boss oder Diesel wurden erst nach 2000 im indischen Markt positioniert.[46]

Die Markenwahrnehmung aufgrund des Distributionsgrades variiert zwischen Ländern, Regionen und Gesellschaftsschichten. In der Markenführung muss dieses Phänomen beachtet werden, um in mehreren Absatzmärkten erfolgreich agieren zu können. Nach DIMOFTE und ZEUGNER-ROTH (2013) werden globale Marken je nach Entwicklungsstand verschieden beurteilt. Konsumenten aus einem Land mit starken globalen Marken, wie der USA schätzen die Neuheit und Vielfalt lokaler Marken, die nicht aus dem eigenen Land kommen, jedoch dort vertrieben werden.[47] Dieses Phänomen zeigt, wie auch die wahrgenommene Markenreichweite als Marketinginstrument genutzt werden kann und wie unterschiedliche Absatzmärkte und Zielgruppen reagieren.

---

[42] Vgl. Johansson/Ronkainen (2005), S. 340.
[43] Vgl. Exler (2008), S. 24.
[44] Vgl. Sengupta (2014), S. 81.
[45] Vgl. Sengupta (2014), S. 79ff.
[46] Vgl. Sengupta (2014), S. 33.
[47] Vgl. Dimofte/Zeugner-Roth (2013), S. 723.

2 Konzeptioneller und theoretischer Bezugsrahmen

2.1 Konzeptioneller Bezugsrahmen: Marke

2.1.1 Definition einer Marke

Eine Marke wird sowohl in der Wissenschaft als auch in der Praxis sehr unterschiedlich definiert. Die Vielzahl von Markenkonzepten und markenbezogenen Konstrukten erschweren ein einheitliches Verständnis.[48] Man unterscheidet zudem allgemein „zwischen der Marke als einem gewerblichen Schutzrecht, der Marke als markiertem Produkt und der eigentlichen Marke"[49].

Nach der American Marketing Association ist die Marke im rechtlichen Sinne lediglich ein geschütztes Warenzeichen, in Form von Name, Design, Symbol mit dem Konsumenten es von anderen Marken unterscheiden können.[50] Auch WEINBERG (1993) bezieht sich auf diese Definition, *„Markenartikel sind Güter, die durch ein Markenzeichen gekennzeichnet sind"*[51].

Im Rahmen dieser Arbeit wird die Marke als ein Nutzenbündel mit spezifischen Merkmalen verstanden. Nach MEFFERT (2005) besteht dieses aus materiellen und immateriellen Komponenten mit einer physisch-funktionalen Nutzenkomponente, sowie einer symbolischen Nutzenkomponente. Die Innovationsfähigkeit gehört dem funktionalen Nutzen an, der Gesamtauftritt und das Charakterwesen gehören dem symbolischen Nutzen an.[52] Wenn das Ziel besteht, die Marke von Produkten anderer Marken möglichst stark zu differenzieren, sollten sich die physisch-funktionalen sowie die symbolischen Nutzenkomponenten denen anderer Marken unterscheiden.

2.1.2 Grundlagen der Markenidentität

Das Fundament der strategischen und operativen Marketingentscheidungen bildet die Markenidentität.[53] Die Ausarbeitung zählt zu den wichtigsten Aufgaben eines

---

[48] Vgl. Exler (2008), S. 8.
[49] Meffert/Burmann/Koers (2005), S. 5.
[50] Vgl. American Marketing Association (2016).
[51] Weinberg (1993), S. 2679.
[52] Vgl. Meffert/Burmann/Koers (2005), S. 5.
[53] Vgl. Adjouri (2002), S. 89.

Unternehmens, da sie den Kern einer Marke darstellt, und durch diesen die Markenstrategie, der Wert, die Positionierung, das Image sowie die Markenbotschaft geplant und umgesetzt werden.[54] Es handelt sich um das Aussagenkonzept.[55] Nach dem identitätsbasierten Markenkonzept steht diesem Aussagenkonzept das Akzeptanzkonzept gegenüber, welches das Markenimage darstellt. Das Image einer Marke wird erst über einen längeren Zeitraum und durch externe Zielgruppen geformt. Es ist die Beurteilung einer Marke durch den Nachfrager.[56] Ausgehend von der Markenidentität spiegelt die Markenpositionierung die Strategieebene wieder, das Markenimage reflektiert die Wirkungsebene.[57]

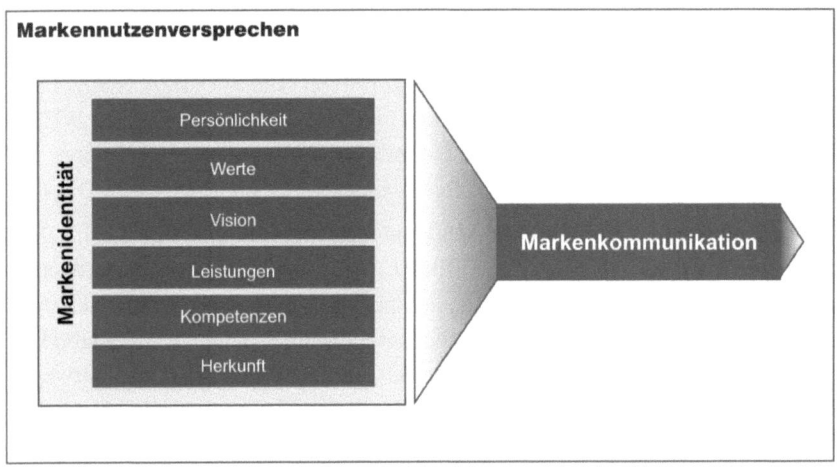

Abbildung 1: Das Markennutzenversprechen (Eigene Darstellung, in Anlehnung an Meffert/Burmann/Koers)

Die Markenidentität besteht aus sechs Komponenten. Zu denen zählen die Markenherkunft, die Markenführungskompetenzen, die Markenwerte, die Markenpersönlichkeit, die Markenvision, sowie die Markenleistungen.[58] Aus diesen Komponenten geht die Markenkommunikation hervor (Siehe Abb. 1).

---

[54] Vgl. Adjouri (2002), S. 90.
[55] Vgl. Kapferer (1992), S. 44f.
[56] Vgl. Meffert (2005), S. 52.
[57] Vgl. Exler (2008), S. 13.
[58] Vgl. Burmann/Meffert (2005), s. 56.

2.2 Theoretischer Bezugsrahmen: Markenherkunftskonzepte

In der internationalen Markenführung ist es wichtig zu entscheiden, ob das Herkunftsland einer Marke betont oder ausgeblendet wird. Die Positionierungsentscheidung, eine Marke innerhalb einer orts- bzw. kulturbezogenen Strategie oder einer globalen Markenführungsstrategie aufzubauen, entscheidet über mögliche Assoziationen der Konsumenten mit der Marke.[59] Die Markenherkunftsforschung ist damit für viele Unternehmen von hoher Relevanz, um sich vom Wettbewerb abgrenzen zu können.

Drei verschiedene Konzepte unterscheiden sich hinsichtlich ihres Herkunftsverständnisses zur räumlichen Markenherkunft.[60]

1. Country of Origin
2. Brand Origin
3. Culture of Brand Origin

Die Forschung wurde kontinuierlich weiterentwickelt, wodurch es mittlerweile viele verschiedene Termini gibt. Als wissenschaftlich bedeutend haben sich diese drei Ansätze erwiesen. Sie weisen wesentliche Verbesserungen hinsichtlich der Erfassung der Markenherkunft auf.[61]

2.2.1 Country of Origin-Effekt

In der Marketingforschung stellt der Country of Origin (COO) Ansatz das am häufigsten untersuchte Konstrukt dar[62] und gilt als Ursprung der Markenherkunftsforschung.[63] Der **COO-Effekt** ist als Einflussfaktor auf das Käuferverhalten wissenschaftlich, sowie empirisch bewiesen, wodurch er mittlerweile häufig von der Markenpolitik genutzt wird. Nach CATEORA und GRAHAM wird er als „*influence, that the country of manufacture, assembly or design has on a consumer's positive or negative perception of a product.*"[64] beschrieben. Der COO-Effekt ist länder- und produktspezifisch, kann sich aber auch auf ganze Regionen,

---

[59] Vgl. Exler (2008), S. 13.
[60] Vgl. Blinda (2003), S. 39f.
[61] Vgl. Burmann/Blinda (2003), S. 40.
[62] Vgl. Baumgarth (2001), S. 173.
[63] Vgl. Becker (2012), S. 52.
[64] Vgl. Cateroa/Graham (2002), S. 396.

wie z.B. Europa beziehen.[65] Forschungsergebnisse beweisen, dass Konsumenten das **COO-Image** als Qualitätsindikator verwenden und danach Kaufentscheidungen treffen. Sie bilden damit Präferenzen für Produkte aus einem bestimmten Land gegenüber Produkten anderer Länder.[66] Der Erfolg für den Einsatz von COO als Marketinginstrument ist demnach von der Produktkategorie abhängig und von den augenscheinlichen Kompetenzen eines Landes. Jedoch gilt der COO-Effekt nicht allein als kognitive Komponente im Bewertungsprozess, da er neben seiner Funktion als Qualitätsindikator auch symbolische und emotionale Bedeutung für den Verbraucher hat.[67] Konsumenten gehen hier nach einem stereotypengeprägten Entscheidungsmuster vor.[68]

Nach Untersuchungen unterscheidet HAN beim Länderimage das **Halo-Modell** vom **Summary-Modell**.[69] Bei ersterem schließen Verbraucher vom Herkunftsland auf dessen Image auf das Produkt und dessen qualitative Eigenschaften.[70] Dies führt zu einer positiven oder negativen Einstellung gegenüber einer Marke. Im Summary-Modell geschieht die Bewertung in entgegengesetzter Reihenfolge. Die Erfahrungen, die ein Verbraucher mit den vertrauten Produkten eines Landes gesammelt hat, überträgt er auf das Image des Herkunftslandes. Dieses Image hilft ihm bei zukünftigen Entscheidungen und ähnlichen Produkten desselben Landes. Der Prozess der Entscheidungsfindung wird verkürzt.[71]

2.2.2 Brand Origin-Ansatz

Der COO-Effekt ist ausschließlich auf ein Land und ein Produkt ausgerichtet. Da die Bedeutung von Marken immer stärker zunimmt und die Marke das relevante Bezugsobjekt zur Beurteilung des Kaufverhaltens ist erweitern THAKAR und KOHLI den COO-Ansatz um den Brand Origin-Ansatz.

In dieser Theorie wird argumentiert, dass der tatsächliche Herkunftsraum von geringerer Bedeutung sei, da der Konsument eine Marke auch mit einer Region oder

---

[65] Vgl. Bilkey/Ness (1982), S. 89.
[66] Vgl. Burmann/Blinda (2003), S. 41.
[67] Vgl. Ahlert (2007), S. 4.
[68] Vgl. Burmann/Blinda (2003), S. 41.
[69] Vgl. Han (1989), S.
[70] Vgl. Ahlert (2007), S. 7.
[71] Vgl. Ahlert/Hanke/Woisetschläger (2004), S. 42f.

einem Ort in Verbindung bringen kann, im Wissen dass die Marke oder das Produkt dort nicht gefertigt wurde. Das „Made in"-Label ist nicht gleichzusetzen mit der räumlichen Markenherkunft.[72] Der Produktionsstandort ist somit von geringerer Bedeutung als die wahrgenommene und kommunizierte Herkunft des Unternehmens. Die Kommunikation ist ein essenzieller Bestandteil in der Markenführung und im Marketing. Die räumliche Markenherkunft ist dadurch ein zu gestaltendes Element und wird für diese Zwecke genutzt.[73] Folglich sollte die Markenherkunft ein fester Bestandteil der Markenpersönlichkeit sein.

Der wesentliche Unterschied in den Ansätzen ist die Entwicklung von Produktebene auf die Markenebene. Nach BURMANN und BLINDA orientieren sich Nachfrager immer weniger an einzelnen Produkten, sondern an Marken.[74] Durch die Verbindung zur Marke hat der Kunde die Chance sich zu orientieren und eine emotionale Bindung aufzubauen. Sie scheint beim Kauf Sicherheit und bekannte Assoziationen hervorzurufen und das Produkt ist von höherer Bedeutung. Im Umkehrschluss entsteht ein hohes Risiko bei Veränderung in der Markenherkunft durch beispielsweise eine neue Markenstrategie. Im Re-Branding der Modemarke Yves Saint Laurent zog das Atelier 2012 mit dem zu der Zeit neuen Chef-Designer Hedi Slimane zwar von Paris nach Los Angeles, aus YSL wurde aber Saint Laurent Paris.[75] Eine deutliche Bestätigung der Markenherkunft.

---

[72] Vgl. Thakar/Kholi (1996), S. 28.
[73] Vgl. Thakar/Kholi (1996), S. 32.
[74] Vgl. Burmann/Blinda (2003), S. 45.
[75] Jopke (2016).

Konzeptioneller und theoretischer Bezugsrahmen

Abbildung 2: Veränderung des Logos von Saint Laurent Paris (Eigene Darstellung)

Der Brand Origin-Ansatz sieht die Markenherkunft als ein Image der Konsumenten. Unbeantwortet bleibt die Frage, wie die räumliche Markenherkunft entsteht.[76]

2.2.3 Culture of Brand Origin Ansatz

In diesem Ansatz, der vor allem durch LIM und O'CASS geprägt wurde und auf dem Brand Origin-Ansatz aufbaut, wird der Wert vor allem auf die kulturelle Markenherkunft gelegt, weniger auf eine Region oder ein Land. In der Untersuchung von 459 Probanden zeigte sich, dass die kulturelle Herkunft häufiger bekannt ist, als ein Land oder eine Region.[77] *„Origin information has become confusing in an age of globalisation, consumers no longer use country-of-origin as a source of information about a product's quality. Instead, it is highly likely that consumers now use the perceived culture of a brand's origin to provide the information (...) "*[78]

Ein Kulturkreis kann innerhalb eines Landes liegen oder auch länderübergreifend assoziiert werden. In der Anfangsforschung zum Culture-of-Brand-Origin-Ansatz

---

[76] Vgl. Becker (2012), S. 56.
[77] Vgl. Lim/O'Cass (2001), S. 127.
[78] Lim/O'Cass (2001), S. 131.

(COBO) wird demnach nur zwischen „Western Origin" und „Eastern Origin" entschieden.[79] Die Hinweise auf eine bestimmte Kultur bieten die sogenannten „**cultural cues**". Das können beispielsweise Markennamen aber auch andere verfügbare Informationen zu einer bestimmten Marke sein. In der Mode ist es ein weit verbreitetes Phänomen, besonders bei Markennamen. Das Hamburger Jackenlabel „Schmuddelwedda" wird durch die Schreibweise eher als norddeutsches Label wahrgenommen, als ein deutsches. Das deutsche Unternehmen Laurèl wird im ersten Kontakt durch das Accent Grave mit Frankreich in Verbindung gebracht.

Der COBO-Ansatz ist jedoch nur eine Erweiterung vom Land auf eine Kultur. Von vielen wird dies als eine Einheit verstanden.[80] Außerdem ist es kritisch zu bewerten, je geringer das Wissen über die kulturellen Merkmale eines Landes ist. Ein klares Unterscheiden zwischen der kulturellen Herkunft und der regionalen Herkunft ist in der Praxis problematisch.[81]

---

[79] Vgl. Lim/O'Cass (2001), S. 126.
[80] Vgl. Burmann/Blinda (2003), S. 51.
[81] Vgl. Becker (2012), S. 56.

3 Das Adoptionsmodell als Grundlage des Influencer Marketings

Bei der Markteinführung von Produkten wird mithilfe der Diffusionsforschung beobachtet, wie die Ausbreitung von Produkten in sozialen Systemen abläuft.[82] Gegenstand der Diffusionsforschung ist die zeitliche Abfolge eines Trends sowie die Untersuchung verschiedener Adopterkategorien. Als Adoption wird die Annahme einer Innovation oder eines Produktes durch einen Käufer bezeichnet.[83]

Den Grundstein zur Diffusionsforschung legte ROGERS 1962, indem er untersuchte in welcher Zeit und durch welche Kanäle Informationen zu neuen Innovationen vom Ursprung zu den potenziellen Nachfragern gelangen.[84] Außerdem ermittelt die Diffusionsforschung, wie sich die Nachfrager verhalten, vom ersten Eindruck bis zum Kauf am Point of Sale (POS).[85] Für ein Unternehmen ist dieser Ablauf von großer Bedeutung, um die Markteinführung zu planen, die Kommunikationsstrategie auf unterschiedlichen Kanälen zu verschiedenen Zeiten zu starten und zuletzt die Nachfrage an das Produkt befriedigen zu können. Die Dauer des Adoptionsprozesses ist für jedes Produkt unterschiedlich.[86]

Dargestellt wird das Adoptionsmodell oft in einer Diffusionskurve. Es werden ausschließlich Erstkäufer analysiert, da die Menge der Produkte, die jeder einzelne Verwender kauft, keine Rolle spielt. Es geht lediglich darum, darzustellen wie viele Nachfrager zu welchem Zeitpunkt das Produkt annehmen.[87] Je schneller ein Trend angenommen wird, desto steiler steigt die Kurve. Abgeleitet ermittelt die Adoptionstheorie damit die Risikobereitschaft.

Die Verteilungsfunktion wird verwendet um die Kategorien von Adoptern einzuteilen. Ausbildung, Einkommen, Lebensstandard, Mitgliedschaft in Gruppen sowie Aufgeschlossenheit gegenüber Massenmedien sind weitere Kriterien, um diese Zielgruppen zu bestimmen.[88]

---

[82] Vgl. Meffert (2008), S. 449.
[83] Vgl. Stader (2009).
[84] Vgl. Rogers (2003), S. 5.
[85] Vgl. Albers (2005), S. 418ff.
[86] Vgl. Meffert (2008), S. 450.
[87] Vgl. Meffert (2008), S. 450.
[88] Vgl. Meffert (2008), S. 451.

Das Adoptionsmodell als Grundlage des Influencer Marketings

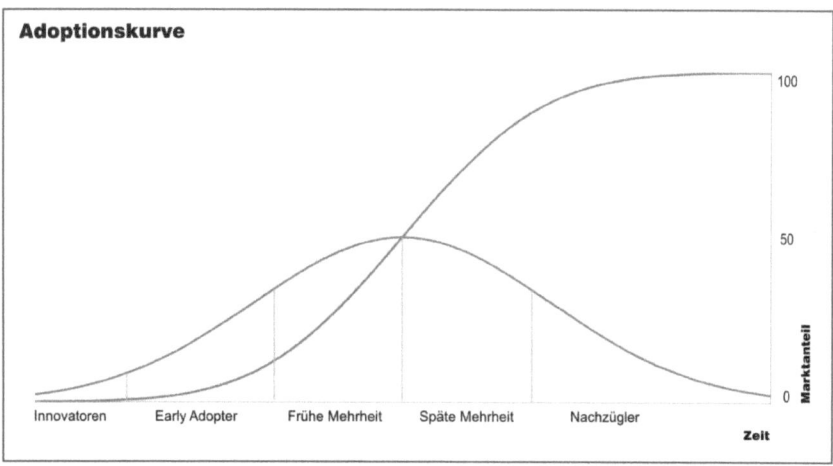

Abbildung 3: Adoptionskurve in der Diffusionstheorie (Eigene Darstellung, in Anlehnung an Rogers)

Der Prozess der Adoption beginnt durch die Nachfrager mit der höchsten Risikobereitschaft, den Innovatoren. Nach ROGERS machen diese 2,5% der gesamten Erstkäufer aus. Die **Innovatoren** agieren als Meinungsführer und werden durch Maßnahmen der Direktkommunikation erreicht.[89] Weitere Meinungsführer können in anderen Adopterkategorien auftreten. Die darauffolgende Kategorie sind die **Frühadopter**, auch Early Adopter genannt. Sie machen 13,5% aus und bilden damit eine entscheidend größere Gruppe. Innovatoren und Frühadopter sind meist jung, haben eine höhere soziale Schicht, eine hohe Bereitschaft Geld auszugeben und interagieren überdurchschnittlich viel mit Innovatoren und anderen Frühadoptern.[90] Frühadopter haben die höchste Meinungsführerschaft aus allen Adopterkategorien und sind diskreter in ihrer Auswahl der Adoptionen als Innovatoren.[91]

Nach den Innovatoren und den Frühadoptern kauft die sogenannte **frühe Mehrheit** das Produkt. Durch die Menge der Erstkäufer (34%) reagieren erstmals die

---

[89] Vgl. Meffert (2008), S. 451.
[90] o.V. (2017).
[91] Vgl. Rogers (1962), S. 283.

Massenmedien auf die Innovation und es wird ein sozialer Druck aufgebaut, dieses Produkt zu besitzen und auf den Trend zu reagieren.[92] Nach der anfänglich eher informierenden Werbung stehen immer mehr emotionale Aspekte im Vordergrund, ehe die **späte Mehrheit** anfängt das Produkt zu kaufen. Dieser Käufer geht später als der durchschnittliche Kunde auf den Trend ein, sieht Innovationen allgemein eher skeptisch und hat einen unterdurchschnittlichen sozialen Status.[93] Zum Schluss stehen die Nachzügler, die 16% ausmachen. Meist sind sie höheren Alters, haben einen unterdurchschnittlichen sozialen Status und halten lange an Traditionen fest. Sie haben keinen Kontakt zu Innovatoren oder Frühadoptern.[94]

3.1 Einteilung der Adopterkategorien

3.1.1 Innovatoren und Opinion Leader

Die Innovatoren sind die ersten, die ein neues Produkt oder einen Trend beobachten und bereit sind, das Risiko einzugehen. Sie sind relativ preisunempfindlich.[95] Ein Innovator profiliert sich nicht durch eine Bestätigung in der Allgemeinheit, da die Bekanntheit des Produktes oder eines Trends zu gering ist. Die Interaktion mit anderen Innovatoren und Frühadoptern ist daher sehr wichtig. Nicht jeder Trend wird die Masse erreichen, um dann eine Bekanntheit zu generieren. Der Innovator ist sich dessen bewusst und akzeptiert das Risiko.[96] Das Interesse zu neuen Innovationen reicht soweit, dass sie beinahe besessen sind, eine Neuigkeit als erstes zu erfahren und auszuprobieren. Meist sind sie Experten in einer bestimmten Szene, verstehen komplexe Hintergründe und erhalten durch die Szene die Bestätigung. Innovatoren führen eine Schlüsselrolle aus.[97] Sie spielen bei der Ausbreitung einer neuen Idee die größte Rolle, indem sie entscheiden welche sie Produkte kaufen und in ihrem sozialen Netzwerk teilen.[98]

---

[92] Vgl. Meffert (2008), S. 451.
[93] Vgl. Rogers (1962), S. 283.
[94] o.V. (2017).
[95] Vgl. Meffert (2008), S. 508.
[96] Vgl. Rogers (1971), S. 83.
[97] Vgl. Rogers (1995), S. 263.
[98] Vgl. Schenk/Scheiko (2011), S. 424.

Opinion Leader

Bei der Kommunikation in Gruppen oder sozialen Medien hat nicht jede Person die gleiche Gewichtung. Meinungsführer zeichnen sich dadurch aus, dass sie einen stärkeren Einfluss ausüben als andere Personen in derselben Gruppe.[99] Der Meinungsführer tritt in der Adoptionskurve nicht auf, da er keiner Adopterkategorie fest angehört. In der einen Gruppe ist eine Person der Meinungsführer, in einer anderen wiederum nicht.[100] Es ist nicht möglich, eine Trennlinie zwischen Meinungsführer und „Rest" zu ziehen, da grundsätzlich jeder ein Meinungsführer ist. Unterschiedlich ist nur das Ausmaß.[101] Sie tragen zur Meinungsbildung ihrer Mitmenschen bei und nehmen eine Schlüsselposition ein. Durch die Mitteilung ihrer eigenen Meinungen beeinflussen sie Kaufentscheidungen der Menschen ihres Netzwerkes.[102] Sie haben einen hohen Informationsstand, ein höheres Einkommen, höheren Berufsstatus und ein höheres Bildungsniveau. Geselligkeit und starke soziale Interaktionen zeichnen sie aus.[103]

Meinungssuchende nehmen aktiv an einer Interaktion mit einem Meinungsbildenden teil.[104] Dabei führen die Meinungsführer entweder die Übermittlerfunktion oder die Verstärkerfunktion aus. Als Übermittler gilt die Person, wenn eine Information der Massenmedien lediglich übermittelt wird, sodass die Meinungssuchenden davon erfahren. Verstärken Meinungsführende durch Autorität und Authentizität eine Meinung spricht man von der Verstärkerfunktion.[105] Daher kommt ihnen bei der Einführung eines neuen Produktes eine besondere Rolle zu. Mithilfe der Meinungsführer kann ein Unternehmen eine spezifische Zielgruppe direkt ansprechen, ohne dass ein hoher Streuverlust auftritt. Das geschieht beispielsweise über Profile in sozialen Medien wie Facebook, Instagram, Twitter oder Snapchat.

Diese Entwicklung geht einher mit der zunehmenden Sharing-Mentalität.[106] Durch die sozialen Medien und die wachsende Aufmerksamkeit, die Blogs und

---

[99] Vgl. Foscht/Swoboda (2011), S. 150.
[100] Vgl. Foscht/Swoboda (2011), S. 151.
[101] Vgl. Christian (2017).
[102] Vgl. Flynn/Goldsmith/Eastman (1996), S. 138.
[103] Vgl. Foscht/Swoboda (2011), S. 151.
[104] Vgl. Watts/Dodds (2007).
[105] Vgl. Foscht/Swoboda (2011), S. 151.
[106] Vgl. Belk (2014), S. 5.

Online-Profilen gegeben wird, haben Opinion Leader einen immer größeren Einfluss auf Nachfrager. Dies geschieht online, wie auch offline. Meinungsführer nutzen Online-Netzwerke zur Unterhaltung und zur Meinungsäußerung. Je mehr Interaktivität stattfindet, desto schneller können sich Informationen in einem Netzwerk verbreiten und desto größer wird die Verbundenheit einzelner Nutzer zu einem Netzwerk des Meinungsführers.[107] In einer Diskussion, die online stattfindet und in der sich viele Teilnehmer austauschen, vertritt der Opinion Leader den Schnittpunkt aller Meinungen.[108] Meinungsführer sind am Gruppenzusammenhalt interessiert denn es ist ja „ihre" Gruppe.

3.1.2 Early Adopter

Early Adopter sind die ersten Nachfrager, welche das Potenzial eines neuen Trends erkennen und annehmen. Ihr Denken dreht sich um die Zukunft und sie sind weitsichtiger als die gesellschaftliche Mitte. Early Adopter werden von der Gruppe der frühen Mehrheit einerseits oft als Sonderlinge oder Verrückte gesehen, andererseits werden sie für ihr offenes Denken und den neumodischen Ansatz geschätzt.[109]

Auch zwischen den Early Adoptern finden sich Opinion Leader. Sie erkennen den Trend nicht als erste, wie die Innovatoren, haben jedoch einen hohen Einfluss auf die frühe Mehrheit.

3.2 Trenddiffusion in der Mode

Es existieren verschiedene Arten von Trends in der Mode. Teilweise dauern sie nur wenige Wochen an, andere existieren über Jahre hinweg. Die Entstehung eines Trends ist nicht vorhersehbar und viele Determinanten können die Entwicklung beeinflussen. Zu einem Trend entsteht meist ein Gegentrend.[110]

Der Ursprung eines Trends liegt bei den Individualisten. Im Diffusionsmodell ist das der Innovator oder Opinion Leader. In der Mode kann ein Trend eine Farbkombination sein, ein Styling von bestimmten Produkten, ein Produkt an sich, eine Produktgruppe oder eine Farbe. Individualisten richten sich nicht nach der

---

[107] Vgl. Foscht/Swoboda (2011), S. 152.
[108] Vgl. Christian (2017).
[109] Vgl. Thudium (2005), S. 390.
[110] Vgl. Braun (2016).

Mehrheit und stechen auf der Straße aus der Masse hervor, indem sie beispielsweise eine weite Hose tragen, während das Stadtbild von der Röhrenjeans geprägt wird. Sie unterscheiden sich von denen, die Trends folgen. Nach dem Motto: *„Wenn ich sehe, dass etwas in Mode kommt, finde ich es nicht mehr interessant"*.[111]

Abbildung 4: Ausschnitt aus einem Moodboard des DMIs.

Trendscouts, beauftragt durch Modeinstitute, Designer und Trendbüros, suchen international nach diesem besonderen, neuen Look und fotografieren ihn. Styleguides fassen diese Micro-Trends mit dem aktuellen Zeitgeist zusammen und es entstehen Moodboards, mit denen Designer und Stoffhersteller arbeiten.[112]

Zu diesem Zeitpunkt greifen weitere Opinion Leader, Blogger, Experten und Modemagazine den Trend auf. Besonders Celebrities und Personen des öffentlichen Lebens spielen eine übergeordnete Rolle als Opinion Leader und haben einen extremen Einfluss auf die Entwicklung eines Trends. Trägt beispielsweise Lady Gaga die weite Hose privat und wird darin fotografiert, ist das meist kein Zufall. Man findet die weite Hose in Streetstyle-Blogs, High Involvement Fashion-Konsumenten tragen sie zu den Fashion Weeks und Magazine berichten weiterhin darüber. Werbungen unterstützen die Verbreitung und der Look kommt im Mainstream an. Die frühe Mehrheit beginnt den Trend zu kaufen, der mittlerweile

---

[111] Zitat, Masha Sedgwick, eine Bloggerin mit 116.000 Instagram Followern. Vgl. Schütte (2016), S. 67.
[112] Vgl. Kaiser (2015).

von vertikalen Modeketten wie H&M und ZARA aufgegriffen wurde. Zu diesem Zeitpunkt trägt der Individualist schon wieder den nächsten neuen Look.

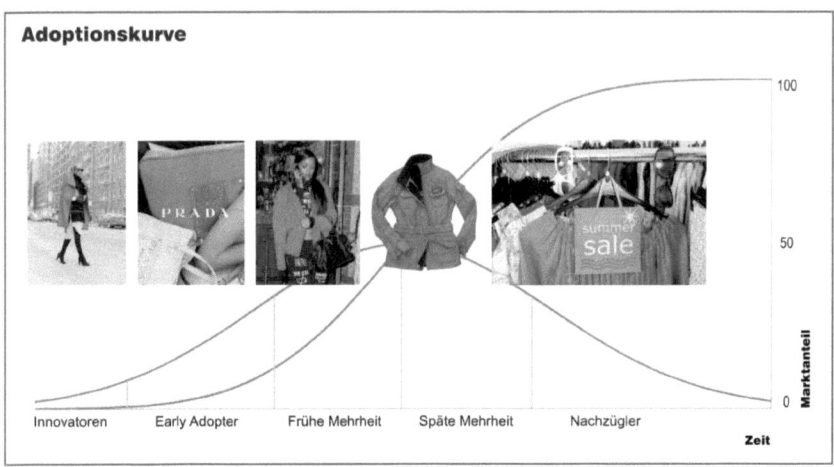

Abbildung 5: Lebenszyklus eines Trends auf der Adoptionskurve (Eigene Darstellung).

In der Mode zeichnen sich die Opinion Leader und Early Adopter durch ein hohes Fashion-Involvement aus. Das Involvement nimmt mit Fortschreiten der Diffusionskurve ab und endet im Nachzügler, der sich nicht mit Mode beschäftigt und den Trend entdeckt, wenn dieser schon im Laden als Sonderangebot gekennzeichnet ist. (Siehe Abb. 5.)

Die Nutzung verschiedener Instrumente durch den Influencer hat einen hohen Einfluss auf die Entwicklung eines Trends.

3.3 Instrumente der Opinion Leader

3.3.1 Blog

"In the past few years, the fashion industry has been seriously shaken up by a new generation of influencers: the bloggers."[113]

Ein klassischer Blog ist eine Art Online-Tagebuch, in dem Meinungen verbreitet werden, Erfahrungen ausgetauscht werden, Sachverhalte protokolliert werden oder Gedanken kundgetan werden. Einträge werden dabei chronologisch geordnet, sodass der aktuellste immer oben erscheint.[114] Auch in sozialen Netzwerken wird gebloggt, beispielsweise auf Facebook, Instagram oder Twitter. Auch hier ist die Reihenfolge der Posts chronologisch. Blogs bieten über Kommentarfelder und Aktionsfelder viele Möglichkeiten zur Interaktion, um sich über ein Thema auszutauschen.[115] Bereits 2008 existierten mehr als 100 Millionen Blogs, mit einer Zuwachsrate von in etwa 125.000 pro Tag.[116] Nach Schätzungen gab es 2011 bereits 175 Millionen persönliche Blogs.[117]

Mitarbeiter oder Gründer eines Blogs werden Blogger genannt. Sie können als Autoren bezeichnet werden, die teilweise über eine hohe Reputation verfügen und innerhalb einer bestimmten Zielgruppe eine hohe Reichweite haben.[118] Erfolgreiche Blogger, die lange Erfahrung und steigende Reichweite vorweisen können werden auch Meinungsmacher genannt und sind durch den hohen Einfluss auf Trends und Konsumentenverhalten überaus relevant für Unternehmen und deren Marketingstrategien.[119]

3.3.2 Vlog

Ein „Vlog" ist die Bezeichnung eines Video-Blogs. Ein Vlog steht unter keinem besonderen Schwerpunktthema, kann aber beispielsweise ein Event oder ein Er-

---

[113] Vgl. Ziv (2011).
[114] Vgl. Lumma/Rippler/Woischwill (2013), S. 102.
[115] Vgl. Lumma/Rippler/Woischwill (2013), S. 102.
[116] Vgl. Brown/Hayes (2008), S. 148ff.
[117] Vgl. Charles Lee (2017).
[118] Vgl. Steinke (2015), S. 67.
[119] Vgl. Gerstenberg/Gerstenberg (2017), S. 12.

lebnis darstellen oder zusammenfassen. Vlogs bestehen meist aus mehreren Teilen, die in bestimmten Tagesabständen veröffentlicht werden. Auch Vlogs sind, ähnlich wie Blogs, meist auf eine sehr begrenzte Zielgruppe ausgelegt.[120]

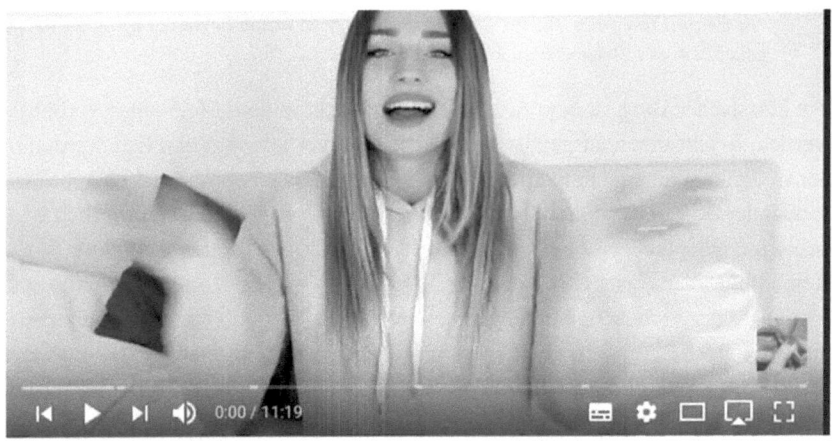

Abbildung 6: VLOG der YouTuberin BibisBeautyPalace (Stand: 5. Januar 2017)

Es gibt Beauty-Vlogs (Siehe Abb. 6), Motorrad-Vlogs, Gaming-Vlogs Travel-Vlogs, u.ä. Beauty-Themen erreichten 2014 ca. 14,9 Mrd. Views auf YouTube allein. Verteilt sind diese Views auf etwa 45.000 Kanäle, die sich auf Schönheitsthemen spezialisiert haben und sich als Vlogger bezeichnen. Der Suchbegriff „Vlog" gibt auf YouTube etwa 72 Mio. Ergebnisse.[121] Die 15 Top-Kanäle in diesem Bereich zählen durchschnittlich 2,1 Mio. Abonnenten[122] und erfüllen ähnliche Aufgaben wie Print-Magazine, deren Auflage seit Jahren rückläufig ist. Vlog-

---

[120] Vgl. Gunreben (2017).
[121] Eigene Recherche, Stand: 13. Januar 2017.
[122] Vgl. Behrle (2014).

ger sind durch ihre augenscheinliche Authentizität zudem begehrte Produkt-Ambassadeuren. Die meisten erfolgreichen YouTuber finden sich in den Kategorien Beauty, Mode, Comedy und Gaming.[123]

3.4 Social Media Plattformen

3.4.1 Instagram

Instagram ist eine Foto- und Video Plattform von Facebook. An dem sozialen Netzwerk führt als Influencer kein Weg dran vorbei. Speziell für Influencer mit Modethemen ist Instagram aktuell das Leitmedium.[124] In einer Studie von Influencer.DB wurden 45.000 Instagram Profile analysiert und in die Kategorien Food, Travel, Fashion, Beauty, Sport & Fitness und „Andere" eingeteilt.

 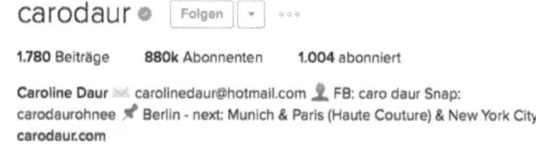

Abbildung 7: Instagram Account von Caro Daur mit 880 Tsd. Followern. (Stand: 10 Januar 2017).

Aus dem Bereich „Fashion" sind 65 Prozent der Influencer weiblich und haben im Durchschnitt 86.582 Follower.[125] Die Followerzahl ist kein Indikator für den Erfolg eines Influencers, sie spielt auf Instagram jedoch eine wichtige repräsentative Rolle.

---

[123] Vgl. Steinke (2015), S. 68.
[124] Vgl. Firsching (2015).
[125] Vgl. Firsching (2015).

Der Instagram Trend befindet sich im stetigen Wachstum. Laut der Studie können Influencer aus sämtlichen Kategorien ihre Followerzahl konstant steigern. Influencer des Themengebiets „Travel" generieren beispielsweise eine Wachstumsrate von 1,37% im Monat. Hochgerechnet auf die durchschnittliche Followerzahl sind das 877 neue Follower monatlich.[126]

3.4.2 Facebook

Während Facebook aktuell eine eher untergeordnete Rolle für den Bereich Mode darstellt, muss ein Influencer auf Facebook dennoch sichtbar und erreichbar sein. Das größte soziale Netzwerk ist ein Instrument um die Reichweite zu vergrößern, Zielgruppen zu erschließen, die weniger Zeit auf Instagram verbringen und sie auf das Instagram Profil zu locken. Während Caro Daurs Instagram Profil etwa 880.000 Leute folgen, sind es auf Facebook „nur" 117.000.[127]

Zudem ist es auf Facebook schwieriger, als Influencer auf sich aufmerksam zu machen, da die Nutzung von Hashtags bei Instagram sehr viel mehr im Vordergrund steht. Den meisten Usern geht es bei Facebook um die Interaktion mit Freunden. Man entdeckt vielleicht einen Blogger-Post, der von einem Facebook Freund „geliked" wurde in seinem Feed, die Seite des Bloggers besucht man jedoch nicht danach.[128]

Zuletzt ist nach der Meinung vieler Influencer die Bezeichnung „Fans" nicht optimal. In einer Studie von ABIDIN veranschaulichen die Influencer, dass die Bezeichnung unpassend ist. *"I think if you call them fans then they might feel like you think you are very great... like better than them [such that] you deserve fans... but I'm not... I'm very ordinary, and I hope I don't give the impression that I am 'above' all of them.",* beschreibt eine Influencerin aus Singapore ihre Beziehung zu ihren Followern.[129]

3.4.3 Sonstige Plattformen

Neben Instagram und Facebook werden auch weitere Plattformen als Instrumente genutzt, um eine möglichst hohe Masse an Nutzern zu erreichen. Dazu gehören beispielsweise Snapchat, Twitter, Tumblr oder YouTube.

---

[126] Vgl. Influencer.DB (2017).
[127] Caro Daur - Facebook.
[128] Vgl. Hedemann (2014).
[129] Vgl. Abidin (2015), S. 3.

Snapchat

Die Instant-Foto und Video App Snapchat ermöglicht es Nutzern einen möglichst „echten" Blick auf die Aktivitäten von Snapchat-Usern zu werfen. Die App Profile können ausschließlich über die App und von registrierten Nutzern angesehen werden. Fotos und aufgenommene Videos, die maximal 10 Sekunden lang sind, müssen in der App gefilmt sein und werden direkt hochgeladen, ohne das die Möglichkeit besteht, sie zu bearbeiten oder zu schneiden. Die Inhalte bleiben für 24 Stunden für alle Follower verfügbar und sind danach nicht wieder erreichbar. Diese Features machen die Inhalte authentisch und schnelllebig. Influencer nutzen die App beispielsweise um kurze Updates über den Tag zu geben, sich über ein bestimmtes Thema zu äußern und von Events zu berichten.

Abbildung 8: ASOS' Promotion Tweet an Snapchat.

Die Follower-Publisher-Beziehung ist vorteilhafter als in anderen sozialen Netzwerken, da Content in beide Richtungen verschickt werden kann.[130] Marken nutzen beispielsweise Snapchat um Gewinnspiele zu veranstalten oder exklusive Deals zu promoten. (Siehe Abb.) Andere Möglichkeiten sind Mini-Styling-Tutorials oder Unboxings von Produkten (dt. Auspacken) einer bestimmten Modemarke.

---

[130] Vgl. BrandWatch, Talavera (2015).

YouTube

Das größte Video-Portal im Internet wird bereits von vielen Influencern genutzt. Die Inhalte der klassischen „YouTubern" sind mittlerweile professionell geschnitten und vertont. Ähnlich wie bei Facebook sind die Usermasse auf YouTube breiter und deckt alle Altersgruppen und Interessen ab.[131] Viele YouTube-Influencer haben zusätzlich Instagram-Seiten um ihre Inhalte zu vermarkten und zusätzlichen Content veröffentlichen zu können.

Twitter

Auch Twitter wird als Tool genutzt um den Influencer als eigene Marke zu verbreiten. Dies ist jedoch nur bei größeren Influencern zu erkennen, da das eher textgetriebene Netzwerk meist nicht zusätzlich benötigt wird. Als Beispiel eignet sich auch hier Caro Daur, die auf Instagram 880.000 Follower hat und bei Twitter lediglich 1.399.[132] Berühmte Persönlichkeiten haben jedoch oft einen Twitter Account und schaffen es auch bei den Followerzahlen in die Millionen.

Zusammenfassend lässt sich behaupten, dass Influencer und Opinion Leader meist eine Präsenz auf mehreren Plattformen haben. Abhängig von medialer Größe und Themenbereich des Opinion Leaders liegt der Schwerpunkt auf verschiedenen Netzwerken.

Die Grenzen zwischen Influencern, Bloggern, YouTubern, Instagrammern, Zeitschriftenjournalisten und echten Marken verschwimmen zunehmend. Jede Bloggerin hat mehrere Kanäle, die sie bespielen kann und jedes wichtige Modemagazin hat einen Markenauftritt auf Facebook und Instagram. Zudem bloggen viele Redakteure selbst und Designer fotografieren für Instagram.[133] Die Reputation der Blogger, Vlogger und Social-Media Personen als Experten, die überdurchschnittlich gut in einem Themengebiet bewandert sind, machen aus ihnen Influencer.[134]

---

[131] Vgl. Rondinella (2016).
[132] Vgl. Twitter / Caro Daur, Stand: 1/2017.
[133] Vgl. Schütte (2016), S. 68.
[134] Vgl. Steinke (2015), S. 67.

4 Mode Influencer und lokale Modemarken

Die Bezeichnung „Influencer" im Zusammenhang mit sozialen Netzwerken beschreibt eine Person, die aufgrund ihrer starken medialen Präsenz und ihr hohes Ansehen Einfluss auf ihre Social Media-Umgebung ausübt. Der Begriff wurde geprägt durch das 2001 erschienene Buch *Influence: Science and Practice* von Robert Cialdini. Es gibt keine bestimmte Grenze, ab der ein Influencer ein Influencer wird. Nach TIGERT und GOLDSMITH werden jene Personen Influencer genannt, die einen extrem hohen Grad der Ich-Beteiligung (Involvement) in Mode haben.[135][136] TIGERT stellt heraus, dass die Reaktionen der Menschen mit einem hohen Grad der Ich-Beteiligung an Mode einen maßgeblichen Anteil am Erfolg oder Nicht-Erfolg eines Produktes haben.[137]

In Social Media bezeichnet man Influencer als Individuen mit einer Online-Präsenz, die in der Lage sind, eine bestimmte Zielgruppe hinsichtlich ihrer Meinungen und Verhaltensweisen zu beeinflussen.[138] Grundsätzlich ist dazu jeder Nutzer von Social Media in der Lage. Der normale, private User dessen Follower zum großen Teil Freunde und Bekannte sind, wird nicht als Influencer betitelt. Um wahre Influencer zu finden, kann mithilfe von Kategorien verglichen werden, wie z.B. Reichweite, Demografie der Follower, Kanalanzahl, Distributionsgrad oder Branche.

Influencer Marketing

Für die Marketingstrategie eines Unternehmens kann ein Influencer der optimale Kommunikationskanal sein. Im Gegensatz zu traditionellen Werbeformen wird das Produkt einer Zielgruppe subtil vorgestellt und die Streuverluste sind minimal. Die Persönlichkeit und das Charisma des Influencers kommen der Marke zugute und sie profitiert von der hohen Reputation des Influencers in einem Bereich.[139] Der Content trifft genau die Interessen der Community und diese nimmt die Meinung eines Influencers ähnlich ernst, wie die eines Freundes oder Bekannten, der ein Produkt weiterempfiehlt. Durch diese Effekte werden Influencer immer öfter zu Ambassadeuren einer Marke oder einer Organisation.[140]

---

[135] Vgl. Tigert (1980), S. 17.
[136] Vgl. Goldsmith (1993), S. 401.
[137] Vgl. Goldsmith (1999), S. 9.
[138] Vgl. Von den Hoff (2017).
[139] Vgl. Morin (2017).
[140] Vgl. Morin (2017).

Im sozialen Netzwerk existieren unterschiedlichste Arten von Influencern. Die Definierung verschiedener Influencer-Typen gelingt mithilfe von fünf Kriterien.

4.1 Kriterien zur Definierung eines Influencers

4.1.1 High Fashion Involvement

Um in der Mode als Influencer zu gelten, ist die Grundvoraussetzung ein höheres Involvement in Mode als die Masse. SPROLES und KING beschreiben Mode-Involvement 1973 mit fünf wichtigen Dimensionen, die zu beachten sind:[141]

1. Modeinnovation und Zeitpunkt des Kaufs
2. Zwischenmenschliche Kommunikation über Mode
3. Interesse an Mode
4. Wissen über Mode
5. Wahrnehmung von Mode und Reaktion auf Trends

Ein hohes modisches Involvement zeigt sich somit in mehreren Dimensionen. Ein wahrer Influencer in der Mode zeichnet einen frühen Kaufzeitpunkt auf der Diffusionskurve ab und kommuniziert auch zwischenmenschlich überdurchschnittlich über Modethemen. Durch das lange Interesse in der Mode festigt sich das Wissen. Zudem reagiert ein Influencer mit einem hohen modischen Involvement auf Trends. Das kann bedeuten, dass er früh einen Trend bemerkt und ihn aufnimmt oder auch versucht möglichst nie einem Trend zu folgen.

---

[141] Vgl. Tigert (1973), S. 47.

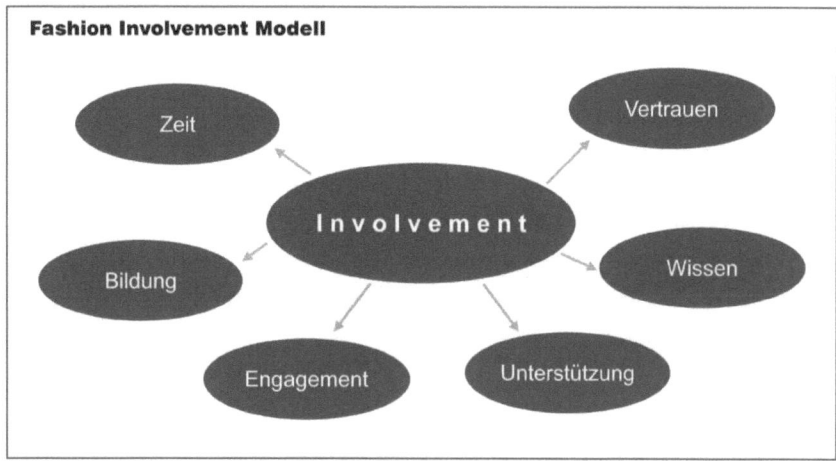

Abbildung 9: Fashion Involvement Modell (Eigene Darstellung, in Anlehnung an O'Cass (2004).

O'CASS, GOLDSMITH und TIGERT argumentieren, dass der Nachfrager mit einem hohen Fashion-Involvement ein besonderer Treiber im adaptiven Prozess in der Mode ist.[142] Da jeder ein unterschiedliches Verständnis von Mode hat und Konsumenten sich in ihrem Grad der Kenntnis von Mode unterscheiden, vertrauen die weniger modisch-bewanderten den Personen mit einem augenscheinlich hohen Involvement.[143] Der Influencer stellt seine Produkterfahrungen online, nimmt an Modenschauen teil, kooperiert mit Modefirmen und wird dadurch als Person mit einem hohen Fashion Involvement gesehen. Die Person übt erheblichen Einfluss aus und wird zum Influencer.

4.1.2 Digitale und analoge Reichweite

Wie viele Nutzer folgen dem Influencer? Die reine Followerzahl gibt einen ersten Eindruck davon, wie groß die Reichweite eines Followers in den sozialen Medien ist. Hier sollte jedoch auf mehreren Ebenen differenziert werden. Influencer agieren auf mehreren Kanälen gleichzeitig und bespielen sie mit einer unterschiedlichen Content-Strategie. Meistens gibt es jedoch ein „Home-Netzwerk", mit dem

---

[142] Vgl. O'Cass (2004), S. 871
[143] Vgl. Vieira (2008), S. 51.

der Influencer angefangen hat und wo der Schwerpunkt seiner Arbeit liegt. Während eine Person bei Instagram beispielsweise 100.000 Follower hat, kann sie bei YouTube mehrere Millionen Abonnenten haben.[144] Es ist somit wichtig, das gesamte Erscheinungsbild eines Influencers zu analysieren, um die digitale Reichweite einschätzen zu können. Bezüglich der digitalen Reichweite sollte auch beachtet werden, inwiefern es sich bei der Followerzahl um eine realistische Zahl handelt, die sich auch in Kommentaren und Likes widerspiegelt.

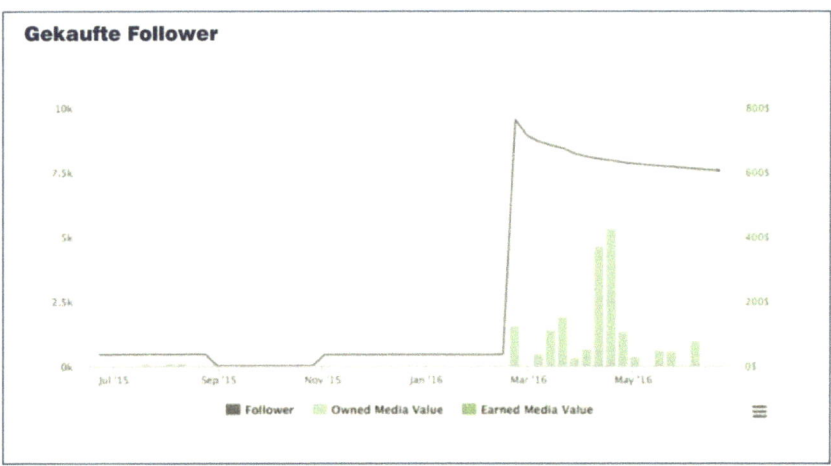

Abbildung 10: Verlaufskurve eines Instagram Users mit gekauften Followern (Eigene Darstellung, Recherche über Influencerdb.com)

Sind die Follower nicht organisch gewachsen und hat ein Blog plötzlich Tausende Follower mehr als noch am Vortag, handelt es sich um gekaufte Follower.

Bei der analogen Reichweite handelt es sich um ein quantitativ schwer nachvollziehbares Kriterium und erfordert die qualitative Analyse. Magazine und Zeitungen arbeiten mit ihrer Auflage in der analogen Umgebung, haben jedoch auch eine digitale Präsenz.[145] Eine hohe analoge Reichweite können auch Experten in der Modeindustrie sein, die beispielsweise Vorträge halten, Konferenzen und Messen besuchen oder in der Lehre tätig sind. Durch ihre Präsenz und Aktion beeinflussen sie eine kleinere Community, jedoch intensiver und informativer. Ein Vergleich der Relevanz zwischen analoger und digitaler Reichweite ist daher nicht möglich.

---

[144] Vgl. Lumma/Rippler/Woischill (2013), S. 38.
[145] Vgl. Steinke (2015), S. 232.

Ob digital oder analog, eine hohe Reichweite reicht nicht aus, um als Influencer erfolgreich zu sein. Hier spielt die Interaktion eine entscheidende Rolle.

4.1.3 Interaktion

Wenn User sich aktiv auf dem Account des Influencers mitteilen oder Meinungen austauschen entsteht Interaktion. Die Interaktionsrate ist auf den Social Media Plattformen unterschiedlich zu interpretieren. Während bei YouTube beispielsweise viele Kommentare unter einem Video zu sehen sind, äußert sich die Interaktion auf Instagram eher über Likes als über Kommentare.

In der Unterscheidung von Influencern ist die Interaktion ist ein wichtiges Kriterium. Beim Bloggen geht es um menschliche Interaktion und die Beziehung von Blogger zu Follower.[146] Influencer mit hohem Einfluss auf ihre Follower regen Diskussionen an. Sie beteiligen sich selbst am Gespräch und interessieren sich an der Meinung ihrer Community. Dies zeigt sich in Posts, wo der Blogger z.B. nach der Meinung seiner Followerschaft fragt.

Die Interaktion ist von essenzieller Bedeutung, da die Glaubwürdigkeit der Influencer unmittelbar damit zusammenhängt.

4.1.4 Authentizität und Relevanz in der Community

Das aktuelle Interesse an Influencern ist hoch und immer mehr Blogger verbuchen steigende Followerzahlen. Langfristig ist zu hinterfragen wie einflussreich der einzelne Influencer ist. Ein wahrer Influencer ist nicht austauschbar, sondern bleibt kreativ, authentisch und einzigartig in Typ und Stil. Berichtet ein Blogger dauerhaft über positive Eigenschaften eines Produktes und ist gegenüber Marken und Trends ausschließlich positiv gestimmt, wird wenig Glaubwürdigkeit vermittelt. Die Einstellung und das Handeln anderer Nutzer werden nur beeinflusst, wenn diese sich mit den Ansichten und Entscheidungen der Influencer identifizieren können.[147] Die Influencerin Nike van Dinther sieht den USP ihres Blogs dadurch in der Nahbarkeit. Sie stellt für ihre Leserschaft eine Art Freundin dar,

---

[146] Vgl. Reckenthäler (2015), S. 77.
[147] Vgl. Reckenthäler (2015), S. 68.

mit der Empfehlungen ausgetauscht werden.[148] Eine Expertenrunde von Styleranking und Ogilvy & Mather bestätigt die Erkenntnis, dass zukünftig Authentizität sogar wichtiger wird als die Reichweite eines Blogs.[149]

Die Glaubwürdigkeit eines Influencers ist auch wichtig in der Zusammenarbeit mit einer Marke. Der Marke geht es meist weniger um die Reichweite, als dass mit dem Unternehmen die Eigenschaften des Influencers assoziiert werden. Ist dieser besonders glaubwürdig und bekannt dafür, die eigene Meinung zu vertreten, profitiert das Unternehmen von dessen Image.[150] Durch die Zusammenarbeit mit Marken entsteht jedoch ein Zielkonflikt. Zwar verdienen Blogger mit einzelnen Posts Geld und teilweise sogar ihren Lebensunterhalt, ein Influencer sollte damit jedoch nicht an Authentizität einbüßen. Ein Influencer zeichnet sich dadurch aus, dass die Balance zwischen „Sponsored Content" und eigenen Posts ausgeglichen ist.[151] Je kreativer und einzigartiger ein Blog ist, desto mehr steigt auch das Ansehen und die Relevanz des Blogs in der Szene. Hinzu kommt die Beständigkeit, d.h. eine langjährige Erfahrung in der Mode und die Sichtbarkeit auf Events oder Messen. Ein Vorreiter und fester Bestandteil in der Blogszene ist Dandy Diary. Bereits 2009 gegründet werden seitdem Modekritiken veröffentlicht, Partys veranstaltet und eigener Content kreiert. Maximale Authentizität und Konsistenz steigern die Relevanz in der Community.[152]

4.1.5 Motiv

Blogger haben unterschiedliche Beweggründe, warum und auf welche Art sie Inhalte veröffentlichen. Das Motiv ist eines der wichtigsten Kriterien für die Definierung eines Bloggers. Über das Motiv lassen sich Rückschlüsse ziehen, warum ein Influencer in einer bestimmten Art und Weise auftritt.

Die Motive sind sehr vielseitig. Sie unterscheiden sich je nach Art des Influencers. Berühmte Personen, beispielsweise Fußballer oder Musiker haben meist andere Motive als normale „Co-Konsumenten". Die digitale Reichweite ist extrem hoch, sie sind jedoch in anderen Themengebieten als Experten weniger relevant. Mit

---

[148] Vgl. Schütte (2016), S. 64.
[149] Vgl. Styleranking / Ernst (2016).
[150] Vgl. Schütte (2016), S. 67.
[151] Vgl. Reckenthäler (2015), S. 75.
[152] Vgl. Spiegel Online / Kolosowa (2013).

den Posts können sie jedoch zur Entwicklung eines Trends beisteuern. Das Motiv ist hier keine Meinungsäußerung sondern eine Selbstdarstellung.[153] Wenn nicht vom Publizisten gefordert, entsteht keine Diskussion. Dieser Influencer erfüllt eher eine Entertainer-Position, gilt jedoch gleichzeitig als starker Multiplikator und Meinungsgeber.

Im Gegensatz zum Aspekt des Entertainments steht das Motiv der Wissensverbreitung und -teilung. Das durch den Influencer angeeignete Wissen wird in einer spezifischen Branche mitgeteilt. Durch dieses Motiv wird der Follower über etwas informiert oder aufgeklärt und Unterhaltungen innerhalb der Community werden angeregt.

Ein weiteres Motiv ist das Engagement. Durch die Kraft von Social Media werden gesellschaftliche Themen klar kommuniziert und eine Meinung vertreten. Die Interaktion wird durch dieses Motiv stark gefördert und der Follower wird direkt eingebunden. Influencer mit diesem Motiv agieren investigativ und haben weit gefächerte Themengebiete.[154]

Innerhalb der Motive sollte stark differenziert werden. Ein Hauptpunkt in den Motiven ist der Umgang von Influencern mit Marken und Produkten. Welche Gründe gibt es, der Followerschaft, über ein bestimmtes Produkt zu berichten? Laut einer Studie durch die Macromedia Hochschule, in der in etwa 2.000 Konsumenten in Deutschland und der USA befragt wurden, kristallisieren sich drei verschiedene Influencer-Typen heraus.[155]

Die Brand Lovers

Sie sind am Produkt interessiert und haben eine starke persönliche Bindung zum Produkt. Ihren Followern wollen sie diese Erfahrungen mit von ihnen bevorzugten Unternehmen mitteilen.

Die Brand Critics

Durch Kritik an der Marke oder einem Produkt wollen sie die Marke zum Handeln bewegen oder lediglich den eigenen Ärger ausdrücken.

---

[153] Vgl. Huffington Post / o.V. (2016).
[154] Vgl. Tobesocial (2016).
[155] Vgl. Webguerillas (2015), S. 24ff.

Die Brand Mavens

Als eine Schnittstelle zwischen den Lovers und den Critics betrachten diese Influencer neue Produkte generell unvoreingenommen und agiert als kritischer Konsument. Diese Gruppe von Influencern hat einen besonders starken Einfluss auf ihre Follower.[156]

4.2 Typologie der Influencer

4.2.1 Die Berühmtheit

Die Berühmtheit an sich war der erste Influencer, bevor die Begrifflichkeit entwickelt wurde. Indem eine Vorbildfunktion entsteht, spielt die berühmte Person eine Schlüsselrolle in der Adaption von neuen Trends, Produkten, Marken oder Meinungen.[157]

Eine prominente Person agiert in den sozialen Medien nicht wie ein klassischer Influencer. Das sehr hohe modische Involvement ist meistens nicht gegeben, es sei denn die Berühmtheit entstammt selbst der Modeindustrie, beispielsweise Wolfgang Joop. Die Reichweite ist bei Celebrities digital wie analog extrem hoch. Einzelne Posts können bei Lady Gaga oder auch Jerome Boateng mehrere Millionen User erreichen, wobei die Interaktion eher einseitig ist. Es gibt einerseits viele Kommentare, andererseits bleibt ein richtiger Austausch oder eine Diskussion aus. Das Motiv ist bei der Berühmtheit eher der Mitteilungswille.

---

[156] Vgl. Webguerillas (2015), S. 27.
[157] Vgl. Marwick (2011), S. 155ff.

Mode Influencer und lokale Modemarken

Abbildung 11: Kylie Jenner in Adidas x Palace Produkten (Quelle: Instagram.com/kyliejenner)

Durch die extrem hohe Reichweite kann sich ein modischer Trend schnell entwickeln, es kommt jedoch auf die Relevanz in der Community an. Prominente Personen wie Kylie Jenner oder die Kardashians sind in der Modeszene dafür bekannt, neue Trends zu etablieren oder zu fördern.[158] Der Einfluss auf einen Trend steigt dadurch.

4.2.2 Der Aktivist

Die Aktivisten unter den Influencer in der Mode nutzen den Einfluss auf die Follower um politisch oder gesellschaftlich aktiv zu werden.

Das Fashion Involvement ist nicht zwingend hoch, jedoch werden neue Modetrends und -produkte von diesem Influencer schnell überprüft und getestet. Die Aktivisten versuchen die Follower auf Probleme und Missstände aufmerksam zu machen. Sie lassen sich nicht von Marken kaufen um ihre Produkte zu promoten, wenn sie nicht wirklich dahinterstehen. Die Reichweite variiert bei den Aktivisten stark. Während sie analog meist eher gering ist, ist die digitale Reichweite nicht

---

[158] Vgl. Süddeutsche Zeitung / Fulterer (2015).

nur höher, sondern auch stark interaktiv. Die Follower sind klar definiert und haben dieselben Einstellungen und Motive wie die Meinungsführer. Aktivisten sind in der Lage, zahlreiche Menschen zu mobilisieren und Druck zur Veränderung auf Unternehmen auszuüben.[159]

Abbildung 12: Suzie Grime, auf YouTube

Besonders diese Eigenschaft erhöht die Relevanz der Aktivisten als Influencer in der Community. Durch das authentische Auftreten und die Verteidigung der eigenen Meinung werden sie in der Szene respektiert. Unternehmen legen aus diesem Grund besonderen Wert auf die Meinung von Aktivisten.

Das Motiv der Aktivisten ist Veränderung. Es wird versucht, durch seltenere aber dafür gut-recherchierte Veröffentlichungen in Form von Posts oder Blogeinträgen die Aufmerksamkeit auf ein bestimmtes Thema zu richten. Diese Themen können aus Politik, Gesellschaft, Umwelt, Wirtschaft o.ä. stammen. Das Leitnetzwerk der Aktivisten ist der selbstgeführte Blog oder YouTube. Diese Plattformen eignen sich optimal, um aufwändige Inhalte zu veröffentlichen und den Followern eine

---

[159] Vgl. Steinke (2015), S. 131.

Möglichkeit zum Austausch zu geben. Auch andere soziale Plattformen, wie Facebook, Instagram und Twitter werden genutzt, jedoch meist als Sprachrohr und Referenz auf den eigenen Blog.

4.2.3 Der Micro Influencer

Der Micro Influencer als persönliche Marke ist die größte Gruppe der verschiedenen Influencer Arten. Nach ABIDIN (2015) sind es Internetnutzer, die durch konsistente Veröffentlichungen auf verschiedenen Plattformen eine große Followerschaft erwirkt haben und durch textliche und bildliche Erzählungen ihres persönlichen Lebens mit der Followerschaft interagieren. Zudem besteht die Möglichkeit zur Monetarisierung ihres Blogs mithilfe von sog. Advertorials.[160] Advertorials sind eine Mischung aus „advertisement" (dt. Werbung) und „editorial". Die Influencer werden hauptsächlich von Marken engagiert, um Brand Awareness und Sales zu steigern. Durch das seit Jahren ansteigende Interesse an Influencern werden Influencer mit einer hohen digitalen Reichweite mittlerweile von Management Agenturen unter Vertrag genommen.[161] Die Agenturen verstehen sich als Netzwerker, Vermittler und Übersetzer.[162]

Das Leitmedium der Micro Influencer ist Instagram. Bildgeführt und mit der Möglichkeit, kleine Videos zu veröffentlichen eignet sich die Plattform optimal, um Content zu veröffentlichen. Auch Marken pflegen ihre Instagram Präsenz mittlerweile stärker als noch vor wenigen Jahren, um die Beziehung zwischen Marke und Konsument zu stärken, erreichbar zu sein und die eigenen Produkte zu vermarkten.[163] Durch die Vermittlung der Markenidentität durch die Markenfarben, Events und Influencern die hinter der Marke stehen wird die Marke deutlicher wahrgenommen und erhöht die Interaktion mit der Marke.[164]

Für den Erfolg eines Micro Influencers ist ein hohes Fashion Involvement von Vorteil, jedoch nicht erforderlich. Ein Micro Influencer können eine berufliche Ausbildung anstreben, die nichts mit Mode zu tun hat. Der Vorteil von diesen Influencern ist die Tiefe und Persönlichkeit der Beziehung mit ihren Followern.

---

[160] Vgl. Abidin (2015), S. 1.
[161] Vgl. Abidin (2015), S. 3.
[162] Vgl. Cover PR / About (2017).
[163] Vgl. Roncha/ Radclyffe-Thomas (2016), S. 305
[164] Vgl. Goor (2012), S. 13.

Besonders die Mode ist ein Konzept, das auf Sozialisierung und Zugehörigkeit basiert.[165] Wichtiger als eine modische Ausbildung ist die Greifbarkeit für ihre Follower, damit sie sich in ihnen identifizieren können. Die digitale Reichweite kann stark variieren. Eine Studie von styleranking teilt die Influencer anhand ihrer Reichweite in drei Kategorien. Ab 25.000 bis 100.000 Follower werden Accounts professionell vermarktet und monetisiert. Zwischen 100.000 bis 350.000 Follower ist die Vermarktung sehr einfach und der Influencer wird zur eigenen Marke als Influencer. Ab 350.000 sind die Influencer sehr begehrt und können irgendwann selber zu Berühmtheiten werden.[166] Die digitale Reichweite eines Micro Influencers ist somit nicht unbedingt hoch. Die Masse hat in etwa zwischen 7.000 und 100.000 Follower. Die analoge Reichweite spielt bei Micro Influencern nahezu keine Rolle.

Authentizität und Relevanz von Micro Influencern in der Community variieren stark. Man kann auch hier in vier Kategorien unterteilen:[167]

1. **Intimität**
   Wie persönlich sind die Veröffentlichungen des Influencers?
2. **Erreichbarkeit**
   Wie einfach lässt sich der Influencer digital oder analog erreichen?
3. **Glaubwürdigkeit**
   Wie realistisch ist der Lifestyle des Influencers?
4. **Imitierbarkeit**
   Wie leicht lässt sich der Lifestyle vom Follower nachleben?

Für den großen Einfluss auf ihre Follower werden Micro Influencer in der Modeszene anerkannt. Sie werden zu Markenevents und Modenschauen eingeladen. Für Unternehmen sind sie daher als Botschafter der Marke relevant und für die Follower als modisches Vorbild und Kumpel/Freundin.[168] Besonders für Nachfrager unter 35 Jahren sind Modeblogs und Influencer ein maßgeblicher Einfluss auf ihr Kaufverhalten.[169]

---

[165] Vgl. Shephard/Pookulangara/Kinley/Josiam (2016), S. 6.
[166] Vgl. Schütte (2016), S. 65.
[167] Vgl. Abidin (2015), S. 5.
[168] Vgl. Schütte (2016), S. 64.
[169] Vgl. Navarro/Lopez-Rua (2016), S. 88.

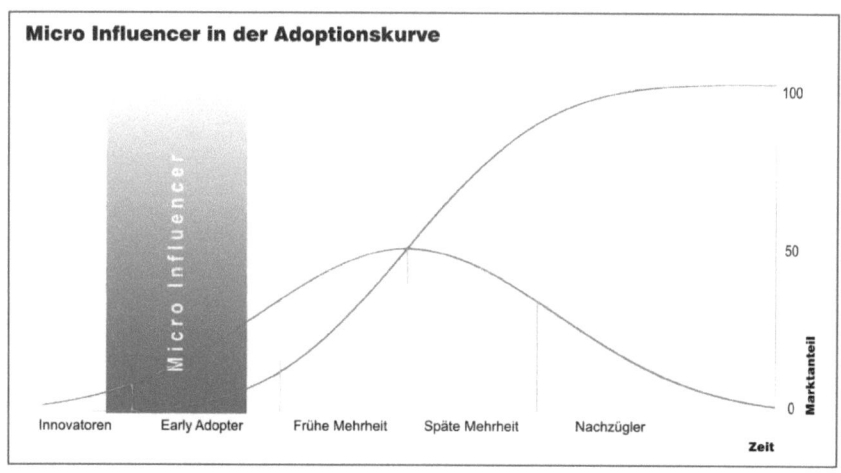

Abbildung 13: Bereich der Micro Influencer in der Adoptionskurve

Das Motiv der Micro Influencer ist die Aufnahme und Verbreitung von Trends und Themen, die den Follower interessieren. Weil sie in der Hinsicht als Meinungsführer agieren, beeinflussen sie mit der gezielten Verbreitung und dem Zugang zu neuen Zielgruppen die Entwicklung eines Trends.[170] Es gibt jedoch kein Raster, für welche Zielgruppen ein Micro Influencer eine Rolle spielt. Meinungsführer sind in der einen Gruppe als solche zu definieren, in einer anderen Gruppe sind sie wiederum nur Follower.[171] Hinsichtlich der Adoptionskurve existieren auch in den Kategorien der frühen und späten Mehrheit Influencer, die jedoch irrelevant für die Meinungs- und Trendentwicklung sind. Mehrheitlich sind Micro Influencer und Influencer somit bei den Innovatoren und den Early Adoptern anzusiedeln.

Die persönliche Marke

Aus einem Micro Influencer kann eine sogenannte „Personal Brand" entstehen. Die persönliche Marke zeichnet sich durch dadurch aus, dass besonders eigene Inhalte erfolgreich sind und der eigene Stil (CD) und die Coporate Identity (CI) zur Marke werden. Besonders in visuellen Medien ist in Content und Design ein roter Faden zu erkennen. Markenkooperationen sind nur möglich, wenn die Marke zu dem Stil des Influencers passt.

---

[170] Vgl. Steinke (2015), S. 68.
[171] Vgl. Foscht/Swoboda (2011), S. 151f.

Abbildung 14: Corporate Design des Instagram Channels von Vienna Wedekind (Quelle: Instagram.com/viennawedekind)

Der Anspruch an ein ganzheitliches Konzept erfordert einen hohen Zeitaufwand und wird von Unternehmen geschätzt. Meist arbeiten Blogger und Influencer, die den eigenen Namen als Marke aufgebaut haben, an gemeinsamen Modekollektionen mit Modeunternehmen.

4.2.4 Influencer 4: Der Experte

Experten unterscheiden sich maßgeblich von den restlichen Influencer-Typen in der Mode. Sie zeichnen sich durch ein sehr hohes modisches Involvement aus, was sich auch in der beruflichen Ausbildung widerspiegelt. Die digitale Reichweite ist eher niedriger als z.B. beim Micro Influencer, die analoge Reichweite liegt jedoch meist höher. Experten arbeiten in der Modeindustrie und eignen sich auf täglicher Basis Wissen in einem bestimmten Themengebiet an. Durch Modenschauen, Events, Konferenzen oder Arbeitsplatz ist auch die analoge Sichtbarkeit eines Experten vergleichsweise hoch. Veröffentlichungen sind meist informativ und detailliert. Die Relevanz in der Szene ist überdurchschnittlich groß. Unternehmen und Trendinstitute vertrauen auf die Meinung von Experten in der Produktinnovation und respektieren die hohe Glaubwürdigkeit. Auch deswegen spielen Experten eine wichtige Rolle in der Adoption von Trends und Produkten.

Durch Hintergrundwissen und Erfahrung können sie instinktiv über neue Produkte ein Urteil fällen, ohne sie zu kaufen.[172]

Die Interaktion ist differenziert zu betrachten, da Experten nicht zwingend soziale Netzwerke nutzen. Veröffentlichungen können auch wissenschaftliche Aufsätze und Bücher sein. Modejournalisten agieren als Experten, die beispielsweise eine eigene Kolumne oder ihren Blog führen. Ein Blog steigert die digitale Sichtbarkeit und fördert die Interaktion mit Followern oder anderen Meinungsführern und Experten. Leitmedien sind daher eher textbasierte Plattformen als Plattformen mit visuellem Schwerpunkt.

Das Motiv der Experten ist die Analyse eines bestimmten Themas und die Verbreitung von Wissen. Die Schnelligkeit, die von anderen Influencern bezüglich eines Trends erwartet wird, ist eher von niedrigerer Priorität. Langfristig bleiben Experten von Bedeutung, da sie – anders als Micro Influencer – nicht ersetzt werden können. Laut den Ergebnissen des 1. BloggerRoundtables von styleranking und Ogilvy & Mather wird in Zukunft der eigene Content auf Blogs immer wichtiger, da zahlreiche Blogs mittlerweile nahezu einen identischen Inhalt bieten.[173] Da die Reichweite von Blogs und Influencern schwer zu validieren ist und leicht manipuliert werden kann, spielen Authentizität und Inhalt eine immer größere Rolle.

4.3 Lokale Modemarken – ein Trend?

In der internationalen Mode setzen immer mehr Händler auf einheimische Designer und lokale Modemarken. Der Trend ist nicht nur in der Mode zu erkennen, jedoch hier am besten zu beobachten. Massenware wird abgelöst durch kleine, lokale Labels, mit denen Lokalpatriotismus gezeigt wird. Lokale Modemarken sind auch überregional erfolgreich. Das ist daran zu erkennen, dass lokale Modemarken aus Hamburg beispielsweise auch in Berlin oder in Wien gut verkauft werden.[174] Produkte, deren Herkunft bekannt ist bieten einen Gegenpol zur weltweiten Schnelllebigkeit und Unübersichtlichkeit.

---

[172] Vgl. Alpert (1994), S. 58.
[173] Vgl. styleranking / Ogilvy & Mather (2016), S. 32.
[174] Vgl. ZEIT Online / Pfannkuch (2016).

Abbildung 15: Key Look des Internetauftritts von derbe Hamburg

In Entwicklungsländern wird eine globale Marke als höhere Qualität wahrgenommen. Konsumenten in diesen Ländern fühlen sich durch globale Marken in der Gesellschaft besser akzeptiert.[175] In weiter entwickelten Ländern verspüren Nachfrager ein gegenteiliges Verlangen, und zwar die Individualität. Eine lokale Marke bietet dem Konsumenten zudem eine starke Verbindung zur Herkunft und ein Identitäts- bzw. Heimatgefühl.[176] Auf emotionaler Ebene spricht eine lokale Marke den Nachfrager direkt an, unabhängig davon, ob Marke und Nachfrager ihren „Ursprungsort" teilen.[177]

In der Mode ist jedoch zu erkennen, dass immer mehr Marken ihren Herkunftsort klar kommunizieren und als USP nutzen. Ob direkt im Markennamen wie Schott NYC, Liebeskind Berlin, Kabine Hamburg und W.A.C. (We Are Copenhagen) oder lediglich als offen-kommunizierte Inspirationsquelle und Herkunftort, lokale Mode passt zum nachhaltigen Lebensstil.[178] Wie werden lokale Marken durch Influencer wahrgenommen?

---

[175] Vgl. Xie (2015), S. 51.
[176] Vgl. Ger (1999), S. 66ff.
[177] Vgl. Becker (2012), S. 261ff.
[178] Vgl. ZEIT Online / Pfannkuch (2016).

4.4 Untersuchung der Wahrnehmung lokaler Modemarken durch Influencer auf Instagram

4.4.1 Aufbau der Untersuchung

Um die Wahrnehmung lokaler Modemarken zu analysieren, wurden 50 Profile von Influencern auf Instagram ausgewählt. Untersucht wurden alle vier Influencer-Typen, indem die letzten 100 Posts hinsichtlich lokaler Modemarken untersucht wurden. Die Modeplattform **Business of Fashion** veröffentlicht jährlich die 500 einflussreichsten Personen in der Modeindustrie. Aufgeführt sind Designer, Redakteure, Kritiker, Models, Blogger, Celebrities, Unternehmer u.a. Die Experten in der Untersuchung wurden mithilfe dieser Plattform ausgewählt. Die Influencer, Berühmtheiten und Aktivisten wurden aus eigener Recherche ausgewählt. Dabei wurde beachtet, dass möglichst unterschiedliche Profile hinsichtlich Content, Zielgruppe, Reichweite und Stil Beachtung finden. Bei den Influencern bewegt sich die digitale Reichweite zwischen 3.000 und 3.000.000 Followern. Bei den Berühmtheiten bewegt sich das Feld zwischen 3,7 Mio. und 96,7 Mio. Followern. Bei den Aktivisten wurde beachtet, welche Themenfelder zum Kern des Influencers gehören, beispielsweise Natur- und Umweltthemen, Gender- und Sexismus, Gesellschaft oder Politik.

Finden lokale Marken und Produkte Beachtung durch die Influencer? Nutzen lokale Marken bereits Influencer als einen Marketingkanal?

ANALYSE 01:

Hinweis: Diese Recherche ist durch die Stichprobe von 50 Personen selbstverständlich nicht repräsentativ. Auch die Einschätzung, ob eine Marke als lokal oder eher global zu verorten ist, obliegt der persönlichen Einschätzung. Nicht jede Marke, die den Herkunftsort oder einen anderen Ort in ihrem Markennamen beinhaltet, wird kann als lokale Marke betitelt werden. Die Einschätzung wurde anhand von Markennamen, Herkunft, kommunizierte Herkunft, Erscheinungsbild, wahrgenommene Größe und Social Media Auftritt getroffen.

Untersuchungszeitraum:	15. Januar 2017 – 23. Januar 2017.
Untersuche Plattform:	Instagram
Untersuchte Accounts:	50, aufgeteilt auf:
	10 Experten
	10 Berühmtheiten
	20 (Micro) Influencer
	10 Aktivisten
Untersuchte Posts:	ca. 100 Posts/Profil.
Untersuchung lokale Marken:	YES / SEMI / NO

4.4.2 Liste der untersuchten Instagram Influencer

Nr.	Kategorie	Name	Followeranzahl[179]
1	Experte	Nick Wooster	698.000
2	Experte	Jörg Koch	95.000
3	Experte	Dandy Diary	31.000
4	Experte	Matthew Schneier	18.000
5	Experte	Scott Schumann	987.000
6	Experte	Tim Blanks	61.000
7	Experte	Aimee Song	335.000
8	Experte	Carine Roitfeld	983.000
9	Experte	Emmanuelle Alt	402.000
10	Experte	Jessica Diehl	16.000
11	Celebrity	Lady Gaga	21.000.000
12	Celebrity	Oprah Winfrey	8.200.000
13	Celebrity	Rihanna	48.200.000
14	Celebrity	Taylor Swift	96.300.000
15	Celebrity	Kylie Jenner	84.200.000
16	Celebrity	Jerome Boateng	4.100.000
17	Celebrity	Jaden Smith	5.100.000
18	Celebrity	Christiano Ronaldo	87.600.000
19	Celebrity	Lewis Hamilton	3.700.000
20	Celebrity	Cara Delevingne	36.900.000
21	Micro Infl.	Caro Daur	807.000
22	Micro Infl.	Nova Lana Love	595.000
23	Micro Infl.	Shirin David	3.000.000

---

[179] Stand: 23. Januar 2017.

Nr.	Kategorie	Name	Followeranzahl[179]
24	Micro Infl.	Lorenara	865.000
25	Micro Infl.	Vanelli Melli	284.000
26	Micro Infl.	Cajaroli	175.000
27	Micro Infl.	Nanda Schwarz	104.000
28	Micro Infl.	Manja Engel	20.000
29	Micro Infl.	Jac Vanek	276.000
30	Micro Infl.	Paudictado	120.000
31	Micro Infl.	James Charles	1.000.000
32	Micro Infl.	Alessandro Manfredini	233.000
33	Micro Infl.	Sonny Hall	36.000
34	Micro Infl.	Emil Waede	18.000
35	Micro Infl.	Marcokd	33.000
36	Micro Infl.	Magic Fox	1.000.000
37	Micro Infl.	Bergstrvm	56.000
38	Micro Infl.	Tylerbluegolden	13.000
39	Micro Infl.	Joeylondonstyle	19.000
40	Micro Infl.	Xenia Overdose	676.000
41	Aktivist	Suzie Grime	25.000
42	Aktivist	Sarah Jay	2.000
43	Aktivist	Law Roach	198.000
44	Aktivist	Samantha Burkhart	40.000
45	Aktivist	B. Akerlund	68.000
46	Aktivist	Hailey Gates	44.000
47	Aktivist	Adwoa Aboah	110.000
48	Aktivist	Jidenna	426.000
49	Aktivist	Sarah McBride	7.000
50	Aktivist	Wolfgang Tillmans	50.000

Tabelle 1: Untersuchte Instagram Channel

Vollständige Tabelle im Anhang.

4.4.3 Untersuchungsergebnisse und Diskussion

Die Untersuchung hat ergeben, dass von insgesamt 50 Instagram Feeds 16 eine wahrgenommene lokale Marke enthalten. Die Rate liegt in dieser Untersuchung somit bei 32 Prozent.

Kategorie	YES	SEMI	NO	LBM[180] in %
Experte	4 von 10	2 von 10	4 von 10	40%
Celebrity	3 von 10	1 von 10	6 von 10	30%
Micro Influencer	6 von 20	5 von 20	9 von 20	30%
Aktivist	3 von 10	3 von 10	4 von 10	30%
Gesamt	16 von 50	11 von 50	23 von 50	32%

YES = Lokale Marke genannt oder markiert

SEMI = Semi-lokal; bzw. Marke genannt oder markiert, die nur evtl. lokal ist

NO = Keine lokale Marke genannt oder markiert.

Tabelle 2: Zusammengefasste Untersuchungsergebnisse

Von den zehn **Experten** haben vier über eine lokale Marke berichtet, sie getragen oder kooperiert, bzw. zwei weitere haben über sehr kleine Marken berichtet, die aufgrund ihrer Kommunikationspolitik als lokal wahrgenommen werden könnten. Nickelson Wooster, ein Stylist und Free Agent hat mehrere wahrgenommene lokale Marken gezeigt, darunter Hestra Handschuhe, eine familiengeführte Traditionsmarke aus Österreich[181] und Greats Brand, eine Sneaker-Marke, welche 2007 n Brooklyn gegründet wurde.[182] Dandy Diary berichtet im Zuge der Fashion Week über Marina Hoermanseder, eine Modemarke aus Berlin. Matthew Schneier, Moderedakteur von der New York Times berichtet über die sehr junge und als deutsch kommunizierte Marke „GmbH". Als Semi-lokale Marke wurde Ronald van der Kemp eingeordnet, die von Emmanuelle Alt (Editor in Chief, VOGUE) erwähnt wurde. Ronald van der Kamp (RVDK) ist zwar eine sehr kleine Modemarke, die bisher erst vier Kollektionen veröffentlicht hat, jedoch ist keine klare Kommunikation des Herkunftsortes zu entdecken.

---

[180] L.B.M. = Local Brand Mention
[181] Vgl. Hestra Gloves / About the company (2017).
[182] Vgl. Greats Brand / Our Story (2017).

Abbildung 16: Instagram Post von Nick Wooster über Hestra Handschuhe (Quelle: Instagram.com/nickwooster)

Bei den **Berühmtheiten** sind in zehn Feeds, in drei Posts lokale Marken erwähnt worden. Jérôme Boateng trug beispielsweise eine Mütze von The Lab – Copenhagen und markierte die Marke im Bild. Cara Delevingne markierte die Designerin Tabitha Simmons, die sich nicht klar als lokale Marke kommuniziert, aber trotzdem ihre Herkunft als Inspiration nutzt und auf lokale Produktionen setzt.[183]

Allgemein lässt sich über die Influencer-Kategorien Experten und Berühmtheiten sagen, dass generell wesentlich weniger Marken erwähnt werden oder in den Vordergrund gerückt werden. Die Experten und Berühmtheiten wissen über ihren Einfluss in der Mode, ob bei den Experten die Authentizität oder bei den Prominenten die extrem hohe Reichweite. Zudem nutzen die Prominenten ihren Feed weniger als Werbeplattform, als z.B. die Micro Influencer. Es kann davon ausgegangen werden, dass genau hinterfragt wird, welche Marken im Feed dargestellt werden und welche nicht.

Bei den **Micro Influencern** ist in dieser Hinsicht das Gegenteil zu beobachten. Auf den Posts in dieser Kategorie ist die Markendichte signifikant höher. Nahezu jedes Kleidungsstück wird mit einer Markierung versehen.

---

[183] Vgl. Tabitha Simmons / Info (2017).

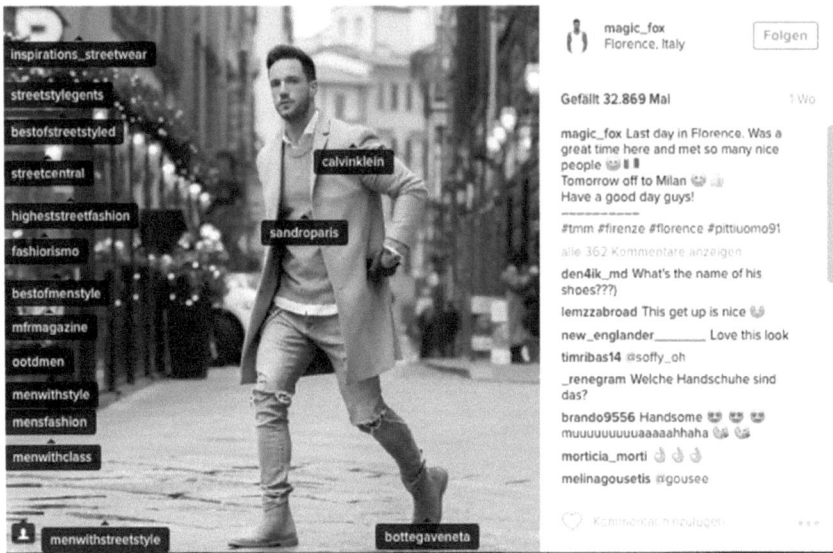

Abbildung 17: Markenwerbung auf Instagram Post von User Magic Fox (Quelle: Instagram.com/magic_fox)

Aus 20 Feeds der Influencer wurden in 8 von ihnen lokale Marken erwähnt oder explizit beworben. Hier traten auch öfter lokale Händler in Erscheinung wie z.B. der 2016 eröffnete Shop „keep loving" in Köln[184] oder die Hamburger Luxusboutique Anita Hass.[185] Als Marken wurden beispielsweise Janthee Berlin[186] (Bademode), LFDY Köln[187] (Streetwear), Marina Hoermanseder[188] (Pret-a-Poter), Keine Liebe Berlin[189] (Streetwear), Simma Stuff Los Angeles[190] (Schmuck) oder Shusta Berlin[191] (Schuhe) genannt und markiert. Obwohl lokale Marken durchaus Anklang finden bei den Micro Influencern überwiegen die globalen und internationalen Marken deutlich. Dafür kann es mehrere Gründe geben. Um einen Influencer als Werbeträger zu engagieren, sind teilweise hohe Entlohnungen zu bezahlen, die für ein lokales Label ggf. zu hoch sind. Zudem geben globale Labels

---

[184] Vgl. Nanda Schwarz / Instagram (2017).
[185] Vgl. Caro Daur / Instagram (2017).
[186] Vgl. Nova Lana Love / Instagram (2017).
[187] Vgl. Magic Fox / Instagram (2017).
[188] Vgl. Xenia Overdose / Instagram (2017).
[189] Vgl. Manja Engel / Instagram (2017).
[190] Vgl. Vanellimelli / Instagram (2017).
[191] Vgl. Cajaroli / Instagram (2017).

einem Influencer eine sehr hohe Reichweite, indem sie den Post auch auf ihrem Channel veröffentlichen. Der Influencer kann dadurch seine digitale Reichweite erhöhen und evtl. neue Zielgruppen erschließen. Ein weiterer Aspekt kann der niedrigere Bekanntheitsgrad sein. Entweder kennen die Micro Influencer die lokalen Marken nicht oder sie haben Bedenken bei der Werbung für lokale Marken, dass ihre Zielgruppe sich nicht mit dem lokalen Label identifizieren kann, weil auch sie das Label nicht kennen. Der Micro Influencer dessen Motiv die Selbstdarstellung ist, greift dann möglicherweise eher zur Adidas Leggins und der Chanel Handtasche.

Die Werbung auf den Feeds der Mode-Influencer beschränkt sich jedoch nicht ausschließlich auf Modeartikel. Auch Hotels, in denen die Influencer übernachten oder Restaurants, in denen sie essen, werden oftmals markiert. Hier tauchen teilweise auch lokale Unternehmen auf, wie z.B. Durant & Booth Winemakers aus dem Napa Valley[192] oder das Café Spencer and Hill in Köln.[193] Auffällig sind die ausschließlich positiven Bewertungen und Meinungen über lokale Marken. Diese extrem positiven Äußerungen sind jedoch nicht unüblich, da die meisten Influencer ein gutes und fröhliches Lebensgefühl auf ihren Blogs vermitteln möchten. Gerade ein visuell-geführtes Netzwerk wie Instagram wird selten für Kritik an Produkten und Marken genutzt. Ehrliche Reviews und Kritiken lassen sich eher auf Blogs wiederfinden, wo auch mit mehr Text und Bildern erläutert werden kann, was einem missfällt.

Eine weitere Erkenntnis ist, dass Experten lokalen Marken mehr „Platz" in ihrem Feed geben als Micro Influencer. Wie am Vergleich der Abbildungen 12 und 13 zu erkennen ist, dreht sich der Post des Experten vollständig um die Handschuhe der Marke Hestra. Das Bild wird begleitet durch die positive Unterschrift: One of the most generous and useful gifts. Thanks to @hestragloves. Packing for @pittimmagine cc: / @fortyfivetenmen. Das Produkt und die Freude über das Produkt stehen bei den Experten mehr im Vordergrund. Dies zeigte sich auch bei Matthew Schneier oder Emmanuelle Alt. In den meisten Veröffentlichungen von Micro Influencern sind pro Bild mehrere Marken markiert und es wird in der Unterschrift seltener darauf Bezug genommen.

---

[192] Vgl. Paudictado / Instagram (2017).
[193] Vgl. Nanda Schwarz / Instagram (2017).

Bei den **Aktivisten** mit einem hohen Fashion Involvement beinhalten drei zehn Feeds lokale Marken. Auffällig ist in dieser Kategorie, dass besonders wenige Marken überhaupt in Erscheinung treten. Inhalte der Posts sind eher persönlich oder z.B. von Events. Dennoch fanden einige lokale Marken Beachtung, wie Han Kobenhaven[194], sand Copenhagen[195], Freak City Los Angeles[196] oder The Fan.[197]

4.5 Schlussbemerkung

Die umfangreiche Analyse der Instagram Profile zeigt, dass lokale Marken von Influencern bisher nur bedingt beworben werden. In der Untersuchung liegt die Rate bei 30 Prozent, d.h. auf 30 Prozent der Instagram Profile werden lokale Marken getragen, beworben o.ä. Bei Experten liegt diese Rate bei 40 Prozent. Durch die niedrige Stichprobe ist die Differenz nicht zwangsweise interpretierbar, es lässt sich jedoch vermuten, dass Experten durch ihr hohes Fashion Involvement und ihre tägliche Arbeit eher über lokale Marken erfahren. Ihre Arbeit als Redakteure, Stylisten, Unternehmer oder Stakeholder anderer Art verlangt von ihnen, dass sie sich mit der Entwicklung neuer Marken auseinandersetzen. Bei Micro Influencern hingegen liegt die Priorität auf ihrer Community und ihren Followern. Sie müssen möglichst authentisch sein und einen Lifestyle präsentieren, mit dem sich ihre Zielgruppe identifizieren kann. Tauchen hier zu viele unbekannte Marken auf, kann das zwar den Personen gefallen, die darüber informiert werden wollen, die anderen können sich ggf. jedoch auf Dauer nicht mit den Influencern identifizieren und verlieren Interesse. Das Darstellen von zu vielen unbekannten Marken kann in verschiedenen Milieus eine unterschiedliche Auswirkung haben. Zudem müssen sich Influencer meist nicht täglich mit der Modeindustrie auseinandersetzen, sondern eher mit Marken, die ggf. mit ihnen kooperieren wollen. Hier scheinen internationale Marken das Thema Influencer Marketing mehr zu nutzen als lokale Marken.

Der Kontext, in dem lokale Marken erwähnt werden ist in zwischen den Kategorien unterschiedlich. Hier legen Experten und Aktivisten mehr Wert auf einzelne Marken und Produkte. Micro Influencer bringen meist mehrere Marken in einem

---

[194] Vgl. Sarah Jay / Instagram (2017).
[195] Vgl. Sarah Jay / Instagram (2017).
[196] Vgl. Suzie Grime / Instagram (2017).
[197] Vgl. Adwoa Aboah / Instagram (2017).

Bild unter und gehen in der Bildunterschrift nicht weiter darauf ein. Berühmtheiten haben Marken ausschließlich in Bildern von sich markiert, der Schwerpunkt des Bildes lag auch hier nicht auf der Marke.

Aus weiteren Ergebnissen der Untersuchung lässt sich interpretieren, dass augenscheinlich Menschen, die in der Modeindustrie arbeiten und ein hohes Fashion Involvement aufweisen, eine positivere Einstellung zu lokalen Modemarken haben. Zielgruppen mit einem hohen Fashion Involvement, jedoch ohne Berufserfahrung in der Mode stehen lokalen Marken neutraler gegenüber. Eine Kritik gegenüber lokalen Modemarken ist in keinen der 50 Instagram Profilen zu beobachten.

Es ist zu beachten, dass aus dieser Analyse keine allgemeinen Schlüsse interpretiert werden sollten. Die Wahrnehmung von lokalen Modemarken durch die Influencer wurde lediglich in den Instagram Profilen der aufgeführten Personen überprüft. Eine vollständige quantitative und qualitative Analyse müsste weitere soziale Netzwerke beinhalten und eine höhere Stichprobe nutzen. Mithilfe von Social Media Analytics und Text Mining könnte eine höhere Datenquelle betreffend Influencer und lokaler Marke untersucht werden.[198]

---

[198] Vgl. Igelbrink/ Schoeneberg/Zerres/Fraß (2016), S. 75.

5 Fazit

Influencer sind keine homogene Gruppe, denn sie unterscheiden sich hinsichtlich vieler Kriterien. Sie beeinflussen die Gesellschaft, legen Wert auf Selbstdarstellung, entwickeln und repräsentieren Trends und erhalten Anerkennung durch die Community. Progressivere Blogs haben eine anspruchsvollere Zielgruppe, und es wird mehr Bewunderung gegenüber neuen und lokalen Marken gezeigt. In der Modetrendentwicklung spielen Influencer jeglicher Art eine wichtige Rolle. Sie gelten als Opinion Leader und ihre Relevanz in der Industrie ist unumstritten. Es werden verschiedene Instrumente von den Influencern genutzt. Besonders bildgeführte Plattformen sind am weitesten verbreitet. Twitter wird von der untersuchten Zielgruppe eher selten genutzt. Einen Aufstieg erlebt Snapchat, ein Netzwerk, das besonders authentische Inhalte fordert aber Unternehmen gleichzeitig die Möglichkeit gibt, ihre Produkte zu vermarkten. Es ist davon auszugehen, dass die Relevanz von Snapchat in der Mode weiter steigt. Auch der Einfluss von Influencern wird zukünftig steigen, jedoch sollte gerade hier der Begriff differenziert betrachtet werden. Durch die unterschiedlichen Motive und Ansätze existieren mehrere Arten von Influencern. Durch diese Faktoren lässt sich kein eindeutiges Urteil hinsichtlich der Wahrnehmung lokaler Modemarken durch DEN Influencer fällen.

Die These, dass Influencer eine positive Einstellung gegenüber lokalen Marken haben, kann jedoch teilweise bestätigt werden. Ausgehend von den Kategorien äußern sich besonders Experten in der Mode auf Instagram positiv über lokale Mode. Andere Gruppen, wie Micro Influencer und Berühmtheiten sprechen nur sehr selten über lokale Marken, tragen sie jedoch teilweise, was als eine positive Grundhaltung interpretiert werden kann. Die Untersuchung hat ergeben, dass besonders auf bildgeführten Plattformen nur selten eine negative Kritik über Marken oder Produkte geteilt wird. Die wichtigen Diskussionen finden im Bereich der Mode eher auf persönlichen Blogs statt, denn sie ermöglichen es den Nutzern, sich intensiver über ein Thema auszudrücken. Eine Analyse dieser Art müsste jedoch mit einem qualitativen Ansatz erfolgen.

Lokale Modemarken sind als solche nicht eindeutig zu bestimmen. Kommunikationsauftritt und die Geschichte verraten meist viel über die Markenidentität und ob sich ein Label als lokal oder eher international identifiziert. Der Ausdruck „lokale Marke" wird im Sprachgebrauch in sozialen Medien nur bedingt benutzt und es findet sich in der Community auf Instagram keine Diskussion zu diesem Genre wieder. Dennoch sind lokale Modemarken eine Chance für Influencer sich von anderen abzusetzen und neue Zielgruppen zu erschließen. Von der Mehrheit, die weiterhin Unternehmen wie H&M, Adidas oder Chanel in ihrem Feed bewerben.

Fazit

In Afrika zeigt sich diese Entwicklung, indem Blogger immer mehr lokale Marken fördern wollen und Kooperationen aus eigener Initiative anfragen. Ihre Follower sehnten sich nach erreichbaren Modemarken, die lokal produziert werden.[199] Individualität spielt eine immer größere Rolle. Indem Influencer die lokalen Marken unterstützen und mit ihnen zusammenarbeiten, werden die Follower ermutigt, nicht nur globale Marken zu tragen sondern auch die Produktionen des eigenen Landes zu fördern.[200] Der Gedanke entwickelte sich erfolgreich. Wie beim Retrotrend, der seit Jahrzenten Anklang in der Mode findet, ist auch hier der Treiber die Nostalgie.[201]

Ausblick

Im Bereich Influencer Marketing in der Mode fehlen bis dato repräsentative Studien und Veröffentlichungen. Eine weiterführende Forschung hinsichtlich der wirklichen Wahrnehmung von Modemarken durch Influencer könnte sinnvoll sein. Auch in der Beziehung von wahrgenommener Markenlokalität mit Influencern fehlen bisher Untersuchungen. In der Analyse der Influencer stellte sich heraus, dass durchaus einige lokale Händler und Designer von Influencern Beachtung finden. Hier wäre interessant zu untersuchen, welche Motive für die Influencer dahinterstehen.

Zusammenfassend lässt sich sagen, dass der Einfluss von Influencern jeglicher Art auch in Zukunft ein wichtiges Thema in der Modebranche sein wird. Sie werden als Models für renommierte Modenschauen genutzt und eingeladen zu exklusiven Events, auf denen vor wenigen Jahren nur die Modeindustrie zu sehen war. Durch hohe digitale Reichweiten und eine authentische Inhaltsvermittlung übertreffen schon jetzt manche Influencer Printmagazine in ihrer Auflage und ihrem direkten Einfluss. Die Interaktion spielt dabei eine wichtige Rolle. Zukünftig wird es auf jeder Gesellschaftsebene Influencer geben, die einen Einfluss auf ihre Community ausüben. Als Modeunternehmen muss entschieden werden, wie und ob Influencer in das Marketing einbezogen werden. Lokale Marken haben durch diese Demokratisierung der Mode die Chance schneller verbreitet zu werden und die Aufmerksamkeit von großen Modeunternehmen auf sich zu lenken. Auch Influencer Marketing kann von lokalen Modemarken genutzt werden, um schneller neue Zielgruppen zu erschließen. Dabei müssen weniger Werbebudgets für Vogue

---

[199] Vgl. Stylvo (2016).
[200] Vgl. Stylvo (2016).
[201] Vgl. ZEIT Online / Pfannkuch (2016).

und Co. gezahlt werden, sondern es gilt, die richtigen Influencer von sich zu überzeugen.

6 Literaturverzeichnis

Aaker, D./ Joachimsthaler, E. (2000): Brand Leadership. New York.

Abidin, C. (2015): Communicative - Intimacies: Influencers and Perceived Interconnectedness. In: A Journal of Gender, New Media, & Technology, Number 8.

Adjouri, N. (2002): Die Marke als Botschafter. Springer Fachmedien, Wiesbaden.

Baumgarth, C. (2001): Markenpolitik – Markenwirkungen - Markenführung – Markenforschung, Wiesbaden.

Bilkey, W.J./ Nes, E. (1982): Country-of-Origin Effects on Product Evaluations, in: Journal of International Business Studies, Vol. 13, No. 1.

Ahlert, D./ Hanke, J./ Woisetschläger, D. (2004): Einfluss des Country-of-Origin- Images auf die Bewertung von Automobilmarken – Eine empirische Analyse, Münster.

Ahlert, D. (2007): Wirkung von Country of Origin- und Country of Brand-Effekten: Konsumgüter und Dienstleistungen im Vergleich.

Albers, S. (2005): Diffusion und Adoption von Innovationen, in: Albers, S., Gassmann, O. (Hrsg.): Handbuch Technologie- und Innovationsmanagement, Wiesbaden, S. 415–434.

Alexander, B./Contreras, L. O. (2016): Inter-industry creative collaborations incorporating luxury fashion brands, Journal of Fashion Marketing and Management, Vol. 20 Iss: 3, pp.254 – 275.

American Marketing Association. Dictionary. unter: https://www.ama.org/resources/pages/dictionary.aspx?dLetter=B Abgerufen am 7. Dezember 2016.

Becker, C. (2012): Einfluss der räumlichen Markenherkunft auf das Markenimage.

Behrle, F. (2014): Die Macht der Beauty Blogger, In: ZDF Hyperland, Auf: blog.zdf.de/hyperland/2014/02/die-macht-der-beauty-blogger Abgerufen am 16. Januar 2017.

Belk, R. (2013): You are what you can access : sharing and collaborative consumption online. In: Journal of business research Bd. 67.2014, 8, S. 1595-1600. JBR.- New York, NY

Braun, I. (2016): Wie Modetrends entstehen. Auf: https://www.modepilot.de/2016/04/04/wie-modetrends-entstehen/ Abgerufen am 17. Januar 2017.

Brown, D./ Hayes, N. (2008): Influencer Marketing. Who Really Influences your Costumers? Elsevier, Oxford.

Bryanboy auf Twitter (2013): SLP, The New Logo. https://twitter.com/bryanboy/status/227859536675999745 Abgerufen am 1. Januar 2017.

Burmann, C./ Becker, C. (2009): Die Wahrnehmung von Marken im internationalen Kontext: Einfluss der Markenstandardisierung, –reichweite und –herkunft auf das Mar- kenimage. Arbeitspapier Nr. 38. Lehrstuhl für innovatives Markenmanagement (LiM). Bremen.

Burmann, C./ Meffert, H. (2005): Theoretisches Grundkonzept der identitätsbasierten Markenführung, in: Meffert, H. / Burmann, C. / Koers, M. (Hrsg.): Markenmanagement. Identitätsorientierte Markenführung und praktische Umsetzung, 2. Aufl.

Cateora, P. R./ Graham, J. L. (2002): International Marketing, 11. Aufl., New York, NY 2002.

Charles Lee, R. (2017): How many blogs exist in the world? Auf: https://www.quora.com/How-many-blogs-exist-in-the-world. Abgerufen am 16. Januar 2017.

Christian, C. (2017): Digitale Influencer: Wir sind alle Meinungsführer. Auf: https://www.lead-digital.de/aktuell/social_media/digitale_influencer_wir_alle_sind_meinungsfuehrer. Abgerufen am 5. Januar 2017.

Christian, J. (2011): Wie entsteht überhaupt ein Trend? Auf: http://sz-magazin.sueddeutsche.de/texte/anzeigen/36233/Wie-entsteht-ueberhaupt-ein-Trend Abgerufen am 17. Januar 2017.

Cover PR / About (2017), Auf: http://cover-pr.de/about/ Abgerufen am 22. Januar 2017.

Deari, H./Balla, E. (2013): Consumers Trust in the Global Brands: Empirical Analysis in the Context of Consumer Perspective. In: European Scientific Journal, Jan. 2013 edition vol. 9 No. 1.

Dimofte, C. V., Johansson J.K., and Ronkainen. I.A. (2008): Cognitive and Affective Reactions of U.S. Consumers to Global Brands, Journal of International Marketing, 16 (4), 113–35.

Edelman, D. (2010): Branding in the digital age you're spending your money in all the wrong places, Harvard Business Review, December, pp. 62-69.

Eisenschmid, N. (2013): Corporate Social Responsibility (CSR) im Supply Chain Management (SCM). Die Bedeutung von unternehmerischer gesellschaftlicher Verantwortung als Lieferantenbewertungskriterium zum Aufbau strategischer Kunden- und Lieferantenbeziehungen, Chemnitz.

Ernst, K. (2016): Whitepaper: 5 Thesen zur Zukunft der Fashion-Blogosphäre und Influencer-Business. Auf: https://www.styleranking.de/influencer/blog-news/von-experten-ermittelt-5-thesen-zur-zukunft-der-fashion-blogosphäre?p=blogs/blog-news/von-experten-ermittelt-5-thesen-zur-zukunft-der-fashion-blogosphäre Abgerufen am: 19. Januar 2017.

Exler. S. (2008): Die Erfolgswirkung globaler Marken - Eine empirische Untersuchung unter Berücksichtigung kaufentscheidungsbezogener und individueller Einflussfaktoren. Gabler, Mannheim 2008.

Firsching, J. (2015): Influencer Marketing. Auf: http://www.futurebiz.de/artikel/wer-sind-instagram-influencer/ Abgerufen am 18. Januar 2017.

Flynn, L. R./ Goldsmith, R./ Eastman, J. (1996): Opinion Leaders and Opinion Seekers: Two new Measurement Scales, in: Journal oft he Academy of Marketing Science, 24 Jg., Nr. 2, S. 137-147.

Friederes, G. (2006): Country-of-Origin-Strategien in der Markenführung, in: Strebinger, A. / Mayerhofer, W. / Kurz, H. (Hrsg.): Werbe- und Markenforschung: Meilensteine - State of the Art - Perspektiven, Wiesbaden.

Fulterer, R. (2015): Wie Prominente mit Instagram Geld verdienen. Auf: http://www.sueddeutsche.de/wirtschaft/produktplatzierungen-wie-prominente-mit-instagram-geld-verdienen-1.2582067 Abgerufen am 20. Januar 2017.

Ger, G. (1999): Localizing in the Global Village: Local Firms Competing in Global Markets, California Manage- ment Review, 41 (4), 64–83.

Gerstenberg, F./ Gerstenberg, C. (2017): Quick Guide Social Relations. PR-Arbeit mit Bloggern und anderen Multiplikatoren im Social Web. Springer Fachmedien, Wiesbaden.

Goldsmith, R.E./ Freiden, J.B./ Kilshcimer, J.C. (1993): Social values and female fashion leadership: a cross-cultural study. Psychology and Marketing, 10, Seite 399 – 412.

Goldsmith, R.E./ Moore, M.A./ Beaudoin, P. (1999): Fashion innova- tiveness and self-concept: a replication. Journal of Product and Brand Management, 8, Seite 7 – 18.

Goor, M. (2012): Instagram: A Content Analysis into Marketing on Instagram. Master Thesis, University of Amsterdam, Department of Communications.

Gunreben, J. (2017): Vlog: Das Video-Tagebuch im Internet. Auf: http://praxistipps.chip.de/was-bedeutet-vlog-einfach-erklaert_45934 Abgerufen am 16. Januar 2017.

Han, M. C. (1989): Country Image: Halo or Summary Construct?, in: Journal of Marketing Research, Vol. 16, May 1989, S. 222–229.

Hausruckinger, G. (1993): Herkunftsbezeichnungen als präferenzde- terminierende Faktoren – Eine internationale Studie bei langlebigen Gebrauchsgütern, Diss., Frankfurt am Main 1993.

Hedemann, F. (2014): Influencer Marketing I: Was sind Influencer und wie findet man sie? In: UPLOAD Magazin, 9/2014.

Hempel, A. (2010): Konsumethik und Premiumsegment. In: Zerres, M (Hrsg.): Hamburger Schriften zur Marketingforschung. Hampp Verlag, München.

Hermes, V. (2015): Multichannel: Der Mix macht's. Unter: http://handels-journal.de/2015/06/19/technik-prozesse/dwolf/multichannel-der-mix-machts/. Abgerufen am 7.11.2016.

Hoffmann, A. (2008): Die Akzeptanz kartenbasierter Kundenbindungsprogramme aus Konsumentensicht. Gabler, Wiesbaden.

Holt, D. B., Quelch J.A., and Taylor, E. L. (2004): How Global Brands Compete, Harvard Business Review, 82 (9), 68–81.

Hungenberg, H. (2014): Strategisches Management in Unternehmen. Ziele – Prozesse – Verfahren. 8. Aufl. Springer Fachmedien, Wiesbaden.

Igelbrink, J./ Schoeneberg, K.-P./ Zerres, C./ Fraß, A. (2016): Textmining – Markenführung mittels Social Media Analytics. In: Lang (hrsg.), Business Intelligence erfolgreich umsetzen. Von der Technologie zum Geschäfterfolg. Symposion, Düsseldorf.

Jopke, O. (2012): Aus Yves Saint Laurent wird Saint Laurent Paris. Unter: http://zeitgeschmack.com/blog/2012/06/21/aus-yves-saint-laurent-wird-saint-laurent-paris/ Abgerufen am: 1. Januar 2017.

Kaiser, A. (2015): So entsteht ein Modetrend. Auf: http://www.faz.net/aktuell/feuilleton/familie/wie-erklaere-ich-s-meinem-kind/kindern-erklaert-so-entsteht-ein-modetrend-13822933.html Abgerufen am 17. Januar 2017.

Kapferer, J. N. (1992): Die Marke – Kapital des Unternehmens, Landsberg/Lech.

Kapferer, J.N. (2014): The future of luxury: challenges and opportunities, Journal of Brand Management, Vol. 21 No. 9, pp. 716-726.

Khare, A. (2014): How cosmopolitan are Indian consumers?: a study on fashion clothing involvement", Journal of Fashion Marketing and Management, Vol. 18 Iss 4 pp. 431 – 451.

Kolosowa, W. (2013): Der wahre Modezirkus. Auf: http://www.spiegel.de/panorama/dandy-diary-wie-das-bloggerduo-die-modeszene-aufmischt-a-908954.html Abgerufen am 20. Januar 2017.

Kröber-Riel, Weinberg, Gröppel-Klein (2009): Konsumenten- verhalten, 9. Aufl., München.

Leitow, D. (2005): Produktherkunft und Preis als Einflussfaktoren auf die Kaufentscheidung – Eine experimentelle und einstellungstheoretisch basierte Untersuchung des Konsumentenverhaltens bei regionalen Lebensmitteln. Berlin.

Lim, K./O'Cass, A. (2001): Consumer brand classifications: an assessment of culture of origin versus country of origin, Journal of Product & Brand Management, Vol. 10 Iss 2 pp. 120 – 136.

Lumma, N./ Rippler, S./ Woischwill, B. (2013) Berufsziel Social Media: Wie Karrieren im Web 2.0 funktionieren. Springer Fachmedien, Wiesbaden.

McKinsey & Company (2011): Die Marke macht's. Die Bedeutung der Marke und Markenindustrie in Deutschland.

Meffert, H./Burmann.C./Koers, M. (2005): Markenmanagement. 2. Auflage. Gabler.

Miao, L. and Mattila, A. (2011): The impact of other customers on customer experiences: a psychological distance perspective, Journal of Hospitality & Tourism Research, Vol. 37 No. 1, pp. 77-99.

Morin, R. (2017): Five Types of Social Media Influencers. Auf: http://www.socialmediatoday.com/content/five-types-social-media-influencers. Abgerufen am 13. Januar 2017.

Navarro, G.M./ Lopez-Rua, M. (2016): The Influence of Blogs in Fashion Consumer Behavior: An Exploratory Approach. In: Revista de Comunicación Vivat Academia · Junio 2016 · Año XIX · No 135. pp 85 – 109.

o.V. / Huffington Post (2016): Influencers vs. Celebrities – Who comes Out on Top? Auf: http://www.huffingtonpost.com/advertising-week/influencers-vs-celebritie_b_10703856.html Abgerufen am 20. Januar 2017.

o.V. (2017): The 5 Customer Segments of Technology Adoption. Auf: http://www.ondigitalmarketing.com/learn/odm/foundations/5-customer-segments-technology-adoption/ Abgerufen am 4. Januar 2017.

Papadopoulos, N. (1993) What Image and Product Country Images are and are not. In: Papadopoulos, N.; Heslop, L.A. (Hrsg.): Product-Country Images – impact and role in international marketing. New York u.a., S. 3-38.

Peterson, R. A./Jolibert, A. J. P. (1995): A meta-analysis of Country-of-Origin effects, in: Journal of International Business Studies, Vol. 26, No. 4, pp. 883 – 896.

Perridon, L., Steiner, M. (2006): Finanzwirtschaft der Unternehmung, 14. Au., München.

Pfannkuch, K. (2016): Was wollt ihr mit diesem Seemannsgarn? Auf: http://www.zeit.de/hamburg/stadtleben/2016-03/mode-hamburg-maritim-derbe-friesennerz-lokalpatriotismus/komplettansicht Abgerufen am 22. Januar 2017.

Rogers, E. M. (1962): Diffusion of innovations. 1. Au., New York, NY.

Rogers, E. M. (1995): The Diffusion of Innovations, New York, NY.

Rogers, E. M. (2003): Diffusion of Innovations, 5. Au., New York u. a.

Rogers, E.; Shoemaker, F. (1971): Communication of innovations: a cross-cultural approach. Free Press.

Roncha, A./ Radclyffe-Thomas, N. (2016): How TOMS' "one day without shoes" campaign brings stakeholders together and co-creates value for the brand using Instagram as a platform, In: Journal of Fashion Marketing and Management, Vol. 20. Iss 3 pp. 300 – 321.

Rondinella, G. (2016): Brands auf der Suche nach passendem Social-Media-Star. Auf: http://www.horizont.net/marketing/nachrichten/Influencer-Marketing-Brands-auf-der-Suche-nach-dem-passenden-Social-Media-Star-138456 Abgerufen am 19. Januar 2017.

Schenk, M./ Scheiko, L. (2011): Meinungsführer als Innovatoren und Frühe Übernehmer des Web 2.0. In: Media Perspektiven 9/2011, S. 423 – 431.

Schmidt, T. B. (1990): Die Bestimmung der optimalen Sortimentstiefe für einen Konsumgüterhersteller, Köln.

Schooler, R. D. (1965): Product Bias in the Central American Common Market. In: Journal of Marketing Reseach Vol. 2, No. 4 pp. 394-397.

Schultz, D.E. and Peltier, J. (Jimmy) (2013): Social media's slippery slope: challenges, opportunities and future research directions, Journal of Research in Interactive Marketing, Vol. 7 No. 2, pp. 86-99.

Schütte, S. (2016): Nouvelle vague. In: brand eins Wirtschaftsmagazin, Heft 12, Dezember 2016, Seite 62 – 68.

Schwab, I. (2017): Marketing mit Influencern 2017: Die pure Reichweite verliert an Bedeutung. Auf: https://www.lead-digital.de/aktuell/social_media/marketing_mit_influencern_2017_die_pure_reichweite_verliert_an_bedeutung Abgerufen am 7. Januar 2017.

Sengupta, A. (2014): Brand Analysis of Global Brands Versus Local Brand in Indian Apparel Consumer Market

Shephard, A./ Pookulangara, S./ Kinley, T.R./ Josiam, B.M. (2016): Media influence, fashion, and shopping: a gender perspective, Journal of Fashion Marketing and Management, Vol. 20 Iss 1 pp. 4 – 18.

Srivastava, R. K. (2014): Impact of Country of Origin on Indian Consumers-study of Chinese Brands. In: Asian Journal of Marketing, 2014.

Stader, D. (2009): Produktentwicklung, Adoption und Diffusion als verbundene Prozesse. Auf: http://stader.de/2009/07/30/produktentwicklung-adoption-und-diffusion-als-verbundene-prozesse/ Abgerufen am 1. Januar 2017.

Steinke, L. (Hrsg.) (2015): Die neue Öffentlichkeitsarbeit. Wie gute Kommunikation heute funktioniert: Strategien – Instrumente – Fallbeispiele.

Straker, K./Wrigley, C. (2016): Emotionally engaging customers in the digital age: the case study of "Burberry love", Journal of Fashion Marketing and Management, Vol. 20 Iss 3 pp. 276 – 299.

Talavera, M (2015): Snapchat Marketingstrategien. Auf: https://www.brandwatch.com/de/2015/12/5-snapchat-marketing-strategien-fuer-2016/ Abgerufen am: 16. Januar 2017.

Thudium, T. (2005): Technologieorientiertes strategisches Marketing. Die Entwicklung eines neuen Bezugsrahmens zur Generierung von Marketingstrategien für technologieorientierte Unternehmen. 1. Aufl. Springer, Wiesbaden.

Tigert, D.J., King, C.W. & Ring, L.J. (1980): Fashion involvement: a cross-cultural comparative analysis. Advances in Consumer Research, 7, Seite 17 – 21.

Trent, R.J./ Monczka, R.M. (2002): „Pursuing Competitive Advantage through In- tegrated Global Sourcing" in The Academy of Management Executive, Vol. 16, Nr. 2, S. 66-80.

Verlegh, P. W. J. / Steenkamp, J.-B. E. M. (1999): A review and meta-analysis of country-of-origin research, in: Journal of Economic Psychology, 20. Jg., Nr. 5, S. 521-546.

Vieira, V./Slongo, L. (2008): Testing a Theoretical Model of Fashion Clothing Involvement, in LA - Latin American Advances in Consumer Research Volume 2, eds. Claudia R. Acevedo, Jose Mauro C. Hernandez, and Tina M. Lowrey, Duluth, MN : Association for Consumer Research, Pages: 47-53.

Von den Hoff, P. (2017): Wer ist ein Influencer? Auf: http://exomatch.com/de/wer-ist-ein-influencer/ Abgerufen am 13. Januar 2017.

Weinberg, P. (1993): Markenartikel und Markenpolitik, in Wittmann, W., Köhler, R., Küpper, H.-U.: Handwörterbuch der Betriebswirtschaft, Teilband 2, 5. Auflage, Stuttgart.

Yasin, N./ Noor, M./Mohamad, O.(2007): Does image of country of origin matter to brand equity?, Journal of Product and Brand Management, Vol. 16 Iss 1 pp. 38-48.

Ziv, Y. (2011): Fashion 2.0: Blogging Your Way to The Front Row - The Insider's Guide to Turning Your Fashion Blog into a Profitable Business and Launching a New Career, CreateSpace.

7 Anhang

Instagram-Analyse der Influencer, Geordnet nach Kategorien.

Nr.	Kategorie	Name	Follower	Local Brand Mention YES	SEMI	NO	Brand	
1	Experte	Nick Wooster	698.000	YES			Hestra Gloves, Greats Brand	Stylist Free Agent, New York
2	Experte	Joerg Koch	95.000		SEMI			Founder 032 Magazine
3	Experte	Dandy Diary	31.000	YES			Marina Hoermanseder GmbH	Männermode Blog
4	Experte	Matthew Schneier	18.000	YES				Style Department New York Times
5	Experte	Scott Schumann	987.000	YES			Sutormantelassi	The Sartorialist
6	Experte	Tim Blanks	61.000			NO		Style.com Fahion Critic
7	Experte	Aimee Song	335.000			NO		Founder. Song of Style
8	Experte	Carine Roitfeld	983.000			NO		CR Fashion Book Publicist
9	Experte	Emmanuelle Alt	402.000		SEMI		Ronald van der Kemp	Editor in Chief, VOGUE
10	Experte	Jessica Diehl	16.000			NO		Vanity Fair
11	Celebrity	Lady Gaga	21.000.000			NO		Musik
12	Celebrity	Oprah Winfrey	8.200.000			NO		TV
13	Celebrity	Rihanna	48.200.000			NO		Musik
14	Celebrity	Taylor Swift	96.300.000			NO		Musik
15	Celebrity	Kylie Jenner	84.100.000	YES			The Lab - Copenhagen	Celeb
16	Celebrity	Jerome Boateng	4.000.000	YES				Fußball
17	Celebrity	Jaden Smith	5.100.000			NO		TV
18	Celebrity	Christiano Ronaldo	87.600.000			NO		Fußball
19	Celebrity	Lewis Hamilton	3.700.000	YES			Favela Clothing	F1
20	Celebrity	Cara Delevigne	36.900.000		SEMI		Tabitha Simmons	Model

Anhang

#	Kategorie	Name	Follower	YES/SEMI/NO	Brand	Beruf
41	Aktivist	Suzie Grime	25.000		Freak City, Los Angeles	YouTuber
42	Aktivist	Sarah Jay	2.000	YES	Han Kobenhaven, sand copenha	Artist / Stylist
43	Aktivist	Law Roach	198.000	YES	Brooklyn PR	Image Architect
44	Aktivist	Samantha Burkhart	40.000	SEMI	Christian Siriano, Marques Almei	Stylist
45	Aktivist	B. Akerlund	68.000	NO		Stylist
46	Aktivist	Hailey Gates	44.000	SEMI		Model
47	Aktivist	Adwoa Aboah	110.000		The Fan	Model
48	Aktivist	Jidenna	426.000	NO		Musiker
49	Aktivist	Sarah McBride	7.000	NO		Transgender
50	Aktivist	Wolfgang Tillmans	50.000	NO		Fotograf
21	Micro Influencer	Caro Daur	807.000	YES	Anita Hass	Blogger / Influencer
22	Micro Influencer	Nova Lana Love	595.000	YES	Janthee Berlin, Kapten & Son, St	Blogger / Influencer
23	Micro Influencer	Shirin David	3.000.000			Blogger / Influencer
24	Micro Influencer	Lorenara	865.000	SEMI	Laona	Blogger / Influencer
25	Micro Influencer	Vanelli Melli	284.000	SEMI	Simma Stuff Los Angeles	Blogger / Influencer
26	Micro Influencer	Cajaroli	175.000	SEMI	Shusta Berlin	Blogger / Influencer
27	Micro Influencer	Nanda Schwarz	104.000	YES	Keep Loving, Köln	Blogger / Influencer
28	Micro Influencer	Manja Engel	20.000	YES	Keine Liebe, Berlin	Blogger / Influencer
29	Micro Influencer	Jacvanek	276.000			Blogger / Influencer
30	Micro Influencer	Paudictado	120.000	YES	Durant & Booth Winemakers Nap	Blogger / Influencer
31	Micro Influencer	James Charles	1.000.000			Blogger / Influencer
32	Micro Influencer	Alessandro Manfredini	233.000			Blogger / Influencer
33	Micro Influencer	Sonny Hall	36.000			Blogger / Influencer
34	Micro Influencer	Emil Waode	17.000	YES		Blogger / Influencer
35	Micro Influencer	Marcokd	33.000			Blogger / Influencer
36	Micro Influencer	Magic Fox	1.000.000	SEMI	LFDY Köln	Blogger / Influencer
37	Micro Influencer	Bergstvrm	56.000	NO		Blogger / Influencer
38	Micro Influencer	Tylerbluegolden	13.000	NO		Blogger / Influencer
39	Micro Influencer	Joeylondonstyle	19.000	SEMI	Reiss, London	Blogger / Influencer
40	Micro Influencer	Xenia Overdose	676.000	YES	Marina Hoermanseder	Blogger / Influencer

77